Jacob Bernays

Über die Chronik des Sulpicius Severus

Ein Beitrag zur Geschichte der klassischen- und biblischen Studien

Jacob Bernays

Über die Chronik des Sulpicius Severus
Ein Beitrag zur Geschichte der klassischen- und biblischen Studien

ISBN/EAN: 9783743682818

Hergestellt in Europa, USA, Kanada, Australien, Japan

Cover: Foto ©ninafisch / pixelio.de

Weitere Bücher finden Sie auf **www.hansebooks.com**

UEBER
DIE CHRONIK DES SULPICIUS SEVERUS.

EIN BEITRAG ZUR GESCHICHTE DER KLASSISCHEN UND BIBLISCHEN STUDIEN.

MAX MUELLER IN OXFORD

ZUGEEIGNET

VON

JACOB BERNAYS.

BERLIN 1861.
VERLAG VON WILHELM HERTZ.
(BESSERSCHE BUCHHANDLUNG.)

Inhalt.

	Seite
Litterärische Zustände Aquitaniens und Lebensverhältnisse des Severus	1—4
Priscillianisten	5—18
Stellung des Severus zur geistlichen und weltlichen Macht	19—28
Styl der Chronik	29—43
Uebertragung mosaischer Gesetze in die römische Rechtssprache	31—40
Behandlung des biblischen Stoffes	43—67
Chronologisches	46—47
Benutzung nichtbiblischer Schriftsteller	47—63
Zerstörung Jerusalems	48—61
Seleukiden	61—63
Typologisches	63—67
Schicksale der Chronik	68—70
Anhang. Ueber Titel, Handschriften und Ausgaben der Chronik	71—72

Abstineri A. 58.
Albitado A. 58.
Apponere accusatorum A. 28.
Aquitanien A. 2, 33.
Auctor A. 60.
Augustinus S. 42.
Claudianus A. 43, S. 30.
Cur A. 58.
Deformatum A. 56.
Delphidius A. 9.
Dissimulare A. 58.
Endelechius A. 3.
Enchrotis S. 7.
Gibbon A. 5, 65.

Gothen A. 48.
Grotius A. 40.
Hedybla A. 9.
Hieronymus A. 41, 46, 47; S. 42.
Josephus S. 49 ff. A. 69.
Julianus A. 74.
Minervius A. 3.
Niebuhr A. 40.
Orosius A. 73, 77.
Partitudo A. 58.
Paschalcyclus des Severus A. 62.
Patera A. 3.
Paulinus von Nola A.4.8.47.

Philastrius A. 10.
Pithoeus A. 3.
Pilatus A. 2, 65.
Quinque provinciae A. 2, 10.
Rex A. 43, 44.
Sallustius A. 50.
Salvianus A. 2.
Saul, Alane A. 48.
Scaliger A. 9, 13, 65, 77, 81. S. 29.
Severus' Chronik, Abfassungszeit A. 4; Interpolationen A. 52; Besprochene Stellen A. 6, 9, 11, 12, 17, 26, 27,

28, 32, 35, 37, 38, 39, 40, 42, 45, 48, 56, 59, 63, 79. S. 53 ff.
Sidonius A. 58, 87.
Sigonius A. 32, 48. S. 52.
Siquidem A. 58.
Tacitus A. 50. S. 53 ff.
Tribuni notarii A. 30.
Ulpianus A. 20.
Urbica A. 9.
Valerius Flaccus A. 66.
Varro Atacinus A. 66.
Velleius A. 49.
Vergilius A. 37, 55, 64.
Videri A. 71.

Druck von Grass, Barth und Comp. (W. Friedrich) in Breslau.

Unter den zahlreichen schriftstellerischen Unternehmungen, welche in lateinischer Sprache zur Verbreitung der Bibel und zur Förderung biblischer Studien während des vierten und fünften Jahrhunderts ausgeführt wurden, gebührt der, einen Abriss biblischer und nachbiblischer Geschichte enthaltenden, Chronik[1]) des Aquitaners Sulpicius Severus zwar keine der ersten Stellen, aber sie hat doch auf eine grössere Theilnahme Anspruch, als ihr schon seit lange geschenkt zu werden pflegt. Die zwei Büchlein, aus welchen sie besteht, können weder mit den massenhaften Leistungen des Hieronymus in Uebersetzung und Erklärung sich messen; noch zeigen sie in ihrer schlichten Erzählungsform eine Spur von jener himmelerstrebenden historischen Architektonik, durch welche der 'Gottesstaat' des Augustinus immer imponirt hat; ja selbst die ambrosianischen Homilien und Postillen müssen wegen der persönlichen Stellung ihres Verfassers — des Mailänder Bischofs, vor welchem Kaiser Theodosius sich beugte — die Aufmerksamkeit in ganz anderer Weise anziehen als Schriften eines Mannes wie Severus, der nie zu eingreifender öffentlicher Thätigkeit gelangt ist. Aber in wie mannigfacher Rücksicht dieses Werkchen hinter andern Erzeugnissen der gleichzeitigen Litteratur zurückstehen mag, so wird es doch für die Betrachtung des Ganges, welchen die klassischen und biblischen Studien während jener Epoche des erlöschenden Heidenthums einschlugen, in hohem Maasse lehrreich, weil aus ihm, trotz seines geringen Umfanges, deutlicher als aus anderen weitschichtigeren Werken sowohl die litterärischen Bedürfnisse sich erkennen lassen, welche man neben den religiösen damals noch empfand, als die Mittel zu ihrer Befriedigung, über welche man noch verfügte. Und in der That muss Severus, schon nach dem Wenigen, was über seine Lebensverhältnisse bekannt ist, als vorzüglich befähigt erscheinen zu einem geschichtlichen Vortrage, welcher den eindringlichen Ton eines überzeugten Verkündigers biblischer Wahrheit anschlägt und dabei den Ansprüchen auf klassische Form, so weit dieselben von der damaligen lateinischen Lesewelt gestellt wurden, mit der gewandten Sicherheit

---

[1]) Die Rechtfertigung dieses Titels und die zum Verständnis der folgenden Noten unentbehrlichen Nachweise über Handschriften und Ausgaben enthält der Anhang.

eines aus der besten Schule hervorgegangenen Rhetors zu genügen versteht. In seinem Geburtslande Aquitanien waren damals, im theodosianischen Zeitalter, die öffentlichen Bildungsanstalten zu einem Flore gediehen, welcher, da in der Hauptstadt Rom die Studien eine immer einseitigere Richtung auf die juristische Praxis genommen hatten, in keinem Theil der lateinisch redenden Römerwelt übertroffen wurde; was schon während der Regierung des flavischen Kaiserhauses von dem narbonensischen Gallien[a]) gesagt werden konnte, dass Land und Leute den Eindruck machten als wäre man in Italien und nicht in einer Provinz, das galt jetzt von dem gesammten Verbande der sieben südlichen gallischen Provinzen zwischen den Alpen und der Loire; die Romanisirung war dort so vollständig, dass die Bewohner den gallischen Namen zu führen aufhörten, mit welchem sie, zum Unterschied von ihrem eignen Römerthum, nur die in der Cultur zurückgebliebenen nördlichen Provinzen belegten. Mit dem lebhaftesten Eifer abte sich Jung und Alt in lateinischem Vers- und Prosaschreiben, und die grammatischen Studien traten zurück vor der Lust an selbständigem Hervorbringen. Gallischer Rhetor wurde ein Ehrenname; sogar für die Besetzung des rhetorischen Lehrstuhls in der Hauptstadt Rom wurden nicht selten Männer dieser transalpinischen Herkunft[b]) gewählt; die einzige Form, in welcher die politische Beredsamkeit sich noch äussern durfte, die Prunkrede zu Ehren der Kaiser bei officiellen Anlässen, war, wie die traurig interessante Sammlung der Panegyriker zeigt, meistens von solchen gallischen Rhetoren in Beschlag genommen. Freilich machen sie in dem 'gallischen Kothurn (*Gallicanus cothurnus Hieron. ep.* 58 *p.* 326 *Val.*)' zuweilen etwas gewaltsame Luftsprünge; ihr 'gallischer Redefluss

Aquitanien.   [a]) Die oben übersetzten und oft citirten Worte des Plinius *H. N. III § 31* lauten: *Narbonensis provincia ...
agrorum cultu, virorum morumque dignatione, amplitudine opum nulli provinciarum postferenda, breviterque Italia verius quam
provincia.* Nicht so oft citirt ist folgende Schilderung der Blüte Aquitaniens im fünften Jahrhundert bei Salvianus *de
gubernatione Dei* (veröffentlicht zwischen 439 u. 451, wie Gibbon c. 35 n. 77 nachweist) *l. VII p.* 132 des Bremer Abdrucks
der Baluzischen Ausgabe (1688): *Nemini dubium est Aquitanos ac Novempopulos medullam fere omnium Galliarum et uber totius
fecunditatis habuisse nec solum fecunditatis sed quae praeponi interdum fecunditati solent, jucunditatis, voluptatis, pulchritudinis. Adeo
illic omnis admodum regio aut intertexta vineis aut florulenta pratis aut distincta culturis aut consita pomis aut amoenata luris aut irrigua
fontibus aut interfusa fluminibus aut crinita messibus fuit, ut vere possessores ac domini terrae illius non tam soli istius portionem
quam paradisi imaginem possedisse videantur.* — Die Verhandlung über *septem* und *quinque provinciae* im Gegensatz zu den
übrigen gallischen Provinzen hat Böcking zur *Not. dignit. occid.* c. 21 *p.* 471 erschöpfend zusammengefasst, und für den
Unterschied zwischen *Galli* und *Aquitani* giebt Sirmond zu Sidonius *carm.* 17 v. 14 die Belege.

[b]) Z. B. Attius Patera, dessen bajocassische Herkunft Ausonius besingt (*Profess.* 4, 7) und von dem Hieronymus' Chronik z. J. 337 anmerkt: *Patera Rhetor Romae gloriosissime docet.* — Die Städte, in welchen der Burdigalenser Minervius ein rhetorisches Lehramt bekleidet hat, nennt folgender Pentameter des Ausonius (1, 4): *Constantinopolis, Roma,

Severus Sanctus Endelechius.
dehinc patria.* — Ihnen darf man wohl auch den Severus Sanctus Endelechius anschliessen, den Verfasser jenes durch die Eleganz seiner Verse wie durch die Naivetät der darin auftretenden bäuerlichen Convertiten gleichsehr lesenswerthen Gedichts, welches jetzt den Titel *de morbibus boum* führt. Denn dass Endelechius i. J. 395 seinen rhetorischen Hörsaal zu Rom *in foro Martis* hatte, bezeugt die von O. Jahn (Berichte d. sächs. Ges. 1851 p. 332) erläuterte Subscription der apulejanischen Handschriften; dass jenes Gedicht in Südfrankreich verfasst worden, zeigt die sechste Strophe, welche die Seuche zunächst von den Belgen her in des Dichters Land eindringen lässt, wie denn auch die Jugendfreundschaft des Paulinus für Severus Sanctus zu seiner aquitanischen Abkunft gut stimmen würde; dass aber Endelechius mit Severus Sanctus identisch und er der Verfasser jenes Gedichts ist, darf man getrost der Ueberschrift bei Pithöus glauben. Wernsdorfs (*P. L. M. II,* 53) Behauptung, welche noch Jahn erwähnt ohne sie zurückzuweisen, dass die den Severus mit Endelechius identificirende Ueberschrift von Pithöus selbst nach ungewisser Vermuthung abgefasst sei, zeigt sich als grundlos, sobald man einen Blick auf die Sammlung wirft, in welcher Pithöus das Gedicht zuerst veröffentlichte: *Veterum aliquot Galliae Theologorum scripta, Parisiis* 1586. 4. Dort ist das Gedicht in dem vorgesetzten Inhaltsverzeichniss der ganzen Sammlung, also da wo eine freigewählte Fassung mit der Treue eines Herausgebers vereinbar ist, in folgender

(*Gallicana facundia*, Symmach. *ep. I*, 95)' leidet, öfter als uns jetzt auch für einen Panegyrikus billig scheint, an öder Gedankendürre; aber um ihre vergleichsweisen Vorzüge gerecht zu würdigen muss man sich des in Gedanken und Ausdruck gleichsehr widerwärtigen Schwulstes erinnern, von welchem Africa, die einzige ausser Gallien noch litterärisch thätige Provinz, nie sich hat befreien können, eben weil die africanischen Redner und Schriftsteller in gesellschaftlichen Zuständen lebten, die von römischer Bildung nur sehr schwächlich angehaucht waren. Der Glaubenssatz aller stylistischen Barbarei, dass man sich tättowiren müsse um schön zu sein, hat unter africanischem Himmel immer seine Herrschaft behauptet, während an den Ufern der Garonne wenigstens das Streben nach richtiger und edler Einfachheit allmählich sich einstellte, und auch, wie z. B. Rutilius Namantianus beweist, mit nicht viel schlechterem Erfolg als an den Ufern des Tiberstromes gekrönt ward. Seinen Höhepunkt erreichte dieser litterärische Aufschwung Galliens um die Zeit des Ausonius, dem ja auch die anschaulichste Schilderung desselben verdankt wird; und so wenig es gelingen will, die Jahreszahl für Geburt oder Tod des Severus festzustellen, so kann doch, da er jünger als sein Freund Paulinus von Nola (geb. 353) war und da er in den ersten Jahren[4] des fünften Jahrhunderts die Chronik abfasste, seine Erziehung nur in die zweite Hälfte des vierten, also eben in jene Blütezeit gallischer Rhetorik, verlegt werden. Dass er als Sachwalter thätig und berühmt gewesen, erfahren wir aus einem Briefe des Paulinus (5 § 5 *Murat*.); und die deutlichsten Spuren seiner näheren Kenntniss des römischen Rechts werden uns in der Chronik entgegentreten. Aus demselben Briefe des Paulinus geht hervor, dass Severus eine reiche

---

Weise aufgeführt: *Severi Rhetoris et poëtae Christiani Carmen Bucolicum* und gerade diese offenbar von Pithöus selbst herrührende Fassung sagt, wie man sieht, nichts von Endelechius. Dagegen *p.* 144, wo das Gedicht abgedruckt wird, lautet die Ueberschrift: *Incipit Carmen Severi Sancti, Id Est, Endelechii Rhetoris de mortibus boum*. So wenig glaublich es nun ist, dass Pithöus, statt den eben erst von ihm selbst gebrauchten, tadellosen *Carmen Bucolicum*, noch nachträglich die keinenfalls geschmackvolle Betitelung *de mortibus boum* ersonnen habe, und so unverkennbar andererseits *Incipit das* Zeichen seines handschriftlichen Ursprungs an der Stirn trägt, so gewiss sind auch die in Frage stehenden Worte *Id Est Endelechii Rhetoris* buchstäblich treu nach der Handschrift wiedergegeben, dergestalt buchstäblich, dass nicht einmal der augenfällige Fehler in der Vokalisirung gebessert wurde. Pithöus hätte auf eigene Hand den Namen nur aus Paulinus' Briefen oder aus der apulejanischen Subscription entnehmen können, und an beiden Orten ist er *Endelechius* geschrieben, eine griechische Bildung, die zwar nicht gerade klassisch, aber doch denkbar ist; wogegen das undenkbare *Endelechios* eben in seiner Verderbung die Gewähr seiner handschriftlichen Herkunft trägt. Der Abfasser des Titels, welcher der Zeit des Autors nahe genug leben mochte, wusste es durch zuverlässige Tradition, dass der als christlicher Dichter bekannte *Severus Sanctus* derselbe sei, welcher als Rhetor unter dem Namen *Endelechius* sich berühmt gemacht hatte; und diese Identität hat er auf dem einfachsten Wege, durch *id est*, ausgedrückt.

[4]) Paulinus *ep* 5 § 5 *p.* 22 *Mur.* nennt im Vergleich mit sich den Severus *aetate florentior*. — Gestellt ist die Chronik auf das erste Consulat des Stilicho = 400, wie Severus selbst sagt *II*, 9, 7: *omne tempus in Stiliconem consulem direxi*. Dass sie jedoch in diesem Jahre noch nicht herausgegeben wurde, zeigen die Stellen über den jüdischen Aufstand unter Hadrianus (*II*, 31, 3) und über die Reise der Helena nach Jerusalem (*II*, 33, 1—35), wo die wörtlichen Entlehnungen aus dem elften, erst 403 an Severus geschriebenen Brief des Paulinus bereits von Muratori und De Prato bemerkt sind. Unbemerkt ist es jedoch bisher geblieben, dass beide Stellen allerdings von Severus selbst, aber erst nachträglich, nachdem die umgebenden Partien völlig ausgearbeitet waren, eingeschoben sind. Die in solchen Fällen selten ausbleibenden Unebenheiten der Verbindung geben auch hier einem aufmerksamen Leser Anfang und Ende des Nachtrags zu erkennen. In der ersten Stelle folgten die jetzt durch den Nachtrag ungefüge gewordenen Worte *Quarto sub Adriano peracutio* (*II*, 31, 6) ursprünglich auf *meruit in eos ultra retuit* (*II*, 31, 3). In der zweiten Stelle schlossen sich die Worte *sed longe atrocius periculum cunctis ecclesiis illa pace generatum* (*II*, 35, 1) unmittelbar an *quam superest ultima erit* (*II*, 33, 3) und *illa pace*, dessen Beziehung jetzt durch die dazwischentretenden Capitel verdunkelt ist, blickte ursprünglich zurück auf *Exinde tranquilla rebus pace perfruimur* (*II*, 33, 3).

4

Heirath in eine consularische Familie gethan hatte und nach dem frühen Tode der Frau sich im Besitz eines ansehnlichen Vermögens befand. Eben jedoch als seine weltliche Stellung eine allseitig glänzende geworden, fasste er den plötzlichen Entschluss, 'der Lockung der Welt und ihrer Last (*mundi huius illecebrae et seculi onera*, *V. Mart.* 25)' sich zu entziehen. Mönchische Lebensweise begann damals im Abendlande sich zu verbreiten; Severus widmete sich ihr, und trat später auch in den geistlichen Stand über, ohne jedoch eine höhere Würde als die eines Presbyter zu erlangen. Sein Vater missbilligte den Schritt und brach deshalb mit dem Sohne; dieser fand gemüthlichen Ersatz an der sorgenden Theilnahme seiner vornehmen Schwiegermutter Bassula und geistliche Stärkung in dem vertrauten Umgang mit dem Pannonier Martinus, der als Bischof von Tours und wunderthätiger Heiliger zu so hoher mittelalterlicher Celebrität gelangt ist. Vorzüglich des Martinus bewegliches Zureden und dessen Hinweisung auf das von dem Consularen Paulinus gegebene, in der Bewunderung der religiösen Kreise noch frische Beispiel einer ähnlichen Sinnes- und Lebensänderung hatten den Severus vermocht, das Forum und den Reichthum mit Einsamkeit und Armuth zu vertauschen; dem Führer, der ihn auf diese Bahn gewiesen hatte, schloss sich Severus während seines ganzen ferneren Lebens mit unbegränzter Hingebung an; und so hat denn die Parteistellung des Martinus zu den politischen und kirchlichen Wirren seiner Zeit auch den Schriften des Severus eine bestimmte Farbe verliehen, welche die uns beschäftigende Chronik in ihrem nachbiblischen Theil unverhüllt zur Schau trägt, und sogar bei Erzählung der biblischen Geschichte, überall wo Gelegenheit sich bietet, durchschimmern lässt. Auch hier also kann, wie bei allen nicht gänzlich vom Loben abgetrennten Büchern, ein lebendiges Verständniss erst dann entstehen, wenn mit der richtigen Würdigung des laut ausgesprochenen Zwecks der Einblick in die stilleren Nebenabsichten sich verbindet; und es wird daher erforderlich, im Anschluss an die wenigen Nachrichten über die Person des Severus, die gleichzeitigen staats- und kirchengeschichtlichen Vorgänge ins Auge zu fassen, an welchen sein geistlicher Führer Martinus durch thätiges Eingreifen und er selbst durch Ausspendung von Lob und Tadel sich betheiligt hat. Der Nothwendigkeit dieses Hinüberstreifens in die allgemeine Geschichte kann um so leichter nachgegeben werden, als es mit unserer Aufgabe, den Gehalt der Severischen Chronik darzulegen, uns stets in der engsten Verbindung erhält. Denn für die zur Sprache kommenden Ereignisse ist Severus längst als der bestunterrichtete und vollständigste Zeuge anerkannt*), obgleich immer noch nicht mit der gebührenden Sorgfalt befragt worden.

Erst in der zweiten Hälfte des vierten Jahrhunderts, als jene Sektenbildungen, welche man unter dem Namen Gnosticismus zusammenzufassen pflegt, im Morgenlande schon ihre volle Kraft

---

Gibbon. *) Gibbon (*ch.* 27 *note* 51) ertheilt dem Severus wegen der Nachrichten über die Priscillianisten einen seiner seltenen Lobsprüche '*a correct and original writer.*' Doch scheint er den Originalbericht näher zu prüfen sich nicht die nöthige Musse genommen zu haben. Sonst hätte er wohl nicht den in neuerer Zeit gewöhnlichen Irrthum zu verbreiten mitgeholfen, dass die Priscillianisten von dem weltlichen Richter auf eine Anklage wegen *matter of faith* zum Tode verurtheilt worden und sie das erste nachweisbare Opfer einer Art von *holy office* gewesen seien. — Von den drei Abschnitten des Severus, die als alleinige Quelle fast alles Thatsächlichen in der folgenden Darstellung hier ein für alle Mal citirt seien,

entfaltet hatten und bereits zu erlöschen anfingen, ward eine Abzweigung derselben nach dem, vorher nur vom Arianismus berührten aber sonst sektenfreien, westlichen Europa verpflanzt, zunächst von Afrika aus nach dem am wenigsten europäischen Lande Europa's, nach Spanien. Besonders die südlichen Gegenden der Halbinsel, welche die römische Provinz Bätica bildeten, boten der vom Orient[*]) hereindringenden Schwärmerei einen eben so empfänglichen Boden, als sie früher und später eine leichte Beute der über die Meerenge getragenen punischen und maurischen Waffen geworden sind. Die gesellschaftlichen Kreise, in denen die Sekte sich festsetzte und während der ganzen Zeit ihres Bestehens ihren Schwerpunkt fand, sind gleich durch die ersten Anhänger bezeichnet, welche der ägyptische Gnostiker Marcus unterwies; es waren ein klassisch gebildeter Rhetor, Elpidius, und eine adlige Dame, Agape. Beide Vorzüge des Adels und der Bildung vereinigten sich auf glänzende Weise in der Persönlichkeit des Priscillianus, des Schülers dieses ersten Jüngerpaares. Durch ihn gewann die Sekte festen Halt, und nach ihm nannte und nennt man sie Priscillianisten. Ueber ihren dogmatischen[†]) Lehren ruht jetzt das Dunkel, welches fast immer geistige Bewegungen, wenn sie nur von gegnerischer Seite beschrieben sind, einer sichern Kunde entzieht; deutlicher treten die äussern Merkmale hervor, wie sie in der Lebensweise der Sekte sich ausprägten. Ein asketischer Zug ist unverkennbar; auch Gegner gestehen dem Priscillianus zu, dass er Fasten und Nachtwachen über das gewöhnliche Maass übte, dass er bei grossem Reichthum dem Erwerben abhold und streng im Geniessen war (*praedives opibus, habendi minime cupidus, utendi parcissimus*). Noch verständlicher redet die Thatsache, dass, nachdem die Sekte in geistlichen Bann und weltliche Acht gethan worden, ein gehäuftes Fasten (*certare ieiuniis*) hinreichte, um auch die sonst bestberufenen Mönche dem Verdacht des Priscillianismus auszusetzen; sogar an Martinus konnten, trotz seines hohen bischöflichen Ansehens, Feinde sich mit derartigen Angriffen wagen, und es geschieht der Reinheit seiner Motive wohl kein Abbruch, wenn man, auf die klare Andeutung seines Schülers Severus (*Chron. II. 50, 3, Dial. III,*

---

giebt *Chron. II c. 46—51* einen zusammenhängenden, verhältnissmässig objektiven Bericht des äusseren geschichtlichen Verlaufs, *Vit. Mart. c. 20* und *Dial. III c. 11—13* liefern einzelne persönliche Züge und weisen auf die inneren Triebfedern hin. Das Wenige, was aus anderen Schriftstellern hinzukommt, wird als solches besonders vermerkt.

[*]) Die betreffende Stelle *Chr. II,* 46, 1 giebt der, gerade in diesem Abschnitt an guten Lesarten reiche, Vaticanus in folgender Fassung: *tum primum infamia illa Gnosticorum haeresis intra Hispanias deprehensa, superstitio exitiabilis, arcanis occultata secretis. Origo istius mali Oriens ac Aegyptus.* Statt der letzten drei Worte las man seit Flacius *oriens ab Aegyptiis.* Wenn die sich selbst empfehlende Lesung des Vaticanus noch weiterer Gewähr bedarf, so liegt eine zwingende in dem, weder von den Herausgebern des Tacitus noch von denen des Severus bemerkten, Umstande, dass Severus hier wörtlich die schmähende Aeusserung des Tacitus über das Christenthum nachbildet *Annal. XV, 44 repressaque in praesens exitiabilis superstitio rursum erumpebat, non modo per Judaeam, originem eius mali, sed per urbem etiam.* Severus gebraucht also nach Tacitus' Vorgange *origo mali* in localem Sinne, 'ursprünglicher Sitz des Uebels'; und eben dieser etwas ungewöhnliche Gebrauch hat die Verderbung bei Flacius veranlasst.

[†]) Für diese meinem Zweck nicht unmittelbar berührenden dogmatischen Fragen genügt die Verweisung auf Lübkert (*Consistorii superioris Regio-Holsatici Assessor*) *De Haeresi Priscillianistarum ex fontibus denuo collatis, Haunias Idibus Majis MDCCCXL. 8.* und auf Mandernach (Priester der Diöcese Trier) Geschichte des Priscillianismus. Ein Versuch. Trier 1851. 8. Der Letztere hat oder nimmt von dem Ersteren keine Kenntnis, und ich finde es ausreichend, fernerhin nur Lübkert zu erwähnen. Für die historischen und juristischen Fragen sah ich mich genöthigt, die Untersuchung von Neuem anzustellen; zu welchen Abweichungen von Lübkert sie geführt hat, zeigt am leichtesten eine Vergleichung seines Schlusscapitels (*An revera Priscillianistae propter errores haereticos capitis damnati sint,* welche Frage er bejaht) mit der hiesigen Darstellung.

11. 5) hin, eben in jener äussern Aehnlichkeit zwischen der von ihm selbst gepflegten mönchischen Askese und der priscillianistischen einen mitwirkenden Grund sieht für seine Bekämpfung allzu strenger Maassregeln gegen die neue Sekte; er musste fürchten, die Gegner des damals im Occident noch nicht festgewurzelten Mönchthums würden unter dem Deckmantel der Ketzerverfolgung dessen Verbreitung hindern. Nicht minder unverkennbar als dieser asketische Zug zeigt sich bei den Priscillianisten eine Hinneigung zu klassischer Bildung. Wie schon Elpidius, der erste Schüler des Marcus, ein Rhetor war, so wirkte auch Priscillianus hauptsächlich durch eine 'auf umfassender Lektüre ruhende Gelehrsamkeit und eine mit schlagfertiger Disputirkunst verbundene Wohlredenheit (*facundus, multa lectione eruditus, disserendi ac disputandi promptissimus*);' der Tadel, den selbst mildgesinnte Gegner wie Severus gegen ihn aussprechen, trifft vorzüglich seinen 'aufgeblasenen Stolz auf profanes Wissen.' Auch von Latronianus, einem andern Haupte der Sekte, erwähnt Hieronymus klassisch gehaltene Dichterwerke mit dem überschwänglichen Lobe*), 'er sei den Alten an die Seite zu setzen.' So hervorstechend war diese Vorliebe für die klassische Litteratur, dass verläumderische, jedenfalls unbewiesene, Ausstreuungen über die Vorgänge in den Conventikeln der Priscillianisten durch Beimischung dieses Körnchens zutreffender Aehnlichkeit geniessbar und gangbar gemacht wurden; man liess die nächtlicher Weile Versammelten nicht bloss die zügellosesten Ausschweifungen begehen, sondern es hiess auch, sie sängen dazu die herrlichen Verse, in welchen Virgils Georgica die Frühlingshochzeit zwischen Himmel und Erde feiern. Nicht so auserlesener Bosheit aber eben so bezeichnend ist die Art wie die zu jeder Ausflucht greifende Geheimthuerei der Priscillianisten zurückgeführt wird auf eine Regel in hexametrischer Fassung: 'Leiste nur Eid, Meineid: das Geheimniss verrath aber nimmer (*Iura, periura, secretum prodere noli*).' Und einen schlagenderen Beweis als alles Uebrige liefert auch hier wiederum wie bei dem gehäuften Fasten die verbreitete Meinung, dass ein verkappter Priscillianist an vielem Lesen zu erkennen sei, und sonach Mönche, wenn sie eifrige Leser waren, schwer sich der Verdächtigung erwehren konnten. Hat man von der oben geschilderten litterärischen Stimmung und Regsamkeit Aquitaniens das richtige Bild gefasst, so begreift man, welch mächtigen Vorschub eine solche Vereinigung alter Litteratur und neuer Religion dem Priscillianismus leisten musste, sobald er die für alle Culturverhältnisse damals kaum vorhandene Pyrenäengränze überschritt und in das südliche Frankreich eindrang. Rhetoren und schöngeistige Frauen*), die damals wie immer auf französi-

---

*) *De viris ill. c.* 122: *valde eruditus et in metrico opere veteribus comparandus.* — Die Gerüchte über die virgilischen Hexameter mag, wer Lust dazu empfindet, bei demselben Hieronymus *ep.* 133 *Vol. I p.* 1029 *Voll.* nachlesen; den Hexameter über den Meineid hatte Augustinus von gewesenen Mitgliedern der Sekte gehört; man findet die Stellen bei Lübkert p. 44 ausgeschrieben, und daselbst steht auch p. 40—50 für diejenigen, die dergleichen noch erst bedürfen, ein ausführlicher Nachweis, dass die *crimina libidinum et mendacii omnibus argumentis carent*. —

*) *Mulieres novarum rerum cupidae, fluxa fide et ad omnia curioso ingenio* sagt Severus Chron. *II,* 46, 6, mit geschickter Verwendung eines Ausdruckes des Sallust, der natürlich nichts von *fides* in ecclesiastischem Sinn weiss, sondern von König Bocchus sagt, er habe sich gesträubt, sein dem Jugurtha gegebenes Treuwort zu brechen *ne fluxa fide unus popularium animos acorteret (Jug.* 111 *coll. Tac. Hist. II,* 75). — Das bewegte Leben der Delphidius hat Joseph Delphidius. Scaliger in einem Capitel seiner *Lectionum Ausonianum (I,* 10) geschildert und den Späteren keine Nachlese übrig gelassen. Denn die einzige Stelle, die ihm entgangen war, nämlich *Hieron. ep. ad Hedybiam* 120 p. 818 *Vall.*, hat er zu Eusebios *n.* 2352 selbst nachgetragen. Man ersieht aus ihr, dass die fromme Hedybia, welche dem Hieronymus so ansgewählte

schem Boden eine grosse Rolle spielten, strömten auch dort der Sekte zu; vornehmlich genannt wird eine Wittwe des Druidenabkömmlings Delphidius, der als gefeierter Redner vor Kaiser Julianus aufgetreten war und als Dichter schon in früher Jugend durch einen Hymnus auf Zeus sich den capitolinischen Eichenkranz verdient hatte; sie hiess Euchrotia und hat das Schicksal des Priscillianus im Tode getheilt, wie sie ihn im Leben mit ihrer Tochter Procula begleitet hatte. Auch noch eine andere im Rhetorenkreise heimische Frau, Urbica mit Namen, hat für ihre Anhänglichkeit an Priscillianus zu Bordeaux in einem gegen sie erregten Volksauflauf den grässlichen Tod der Steinigung erlitten. Im Jahre 380, als man durch Synodalbeschlüsse die Verbreitung der Sekte hemmen wollte, hatte dieselbe bereits in Aquitanien eben so festen Fuss gefasst[19]) wie in Bätica, wo sie zuerst aufgekommen war; es ward daher die Synode nach einer nordspanischen Stadt, nach Saragossa, ausgeschrieben, damit die gleichsehr betheiligten aquitanischen Bischöfe, welche auch der Einladung Folge geleistet haben, sich auf halbem Wege mit den bätischen zusammenfänden. Hier beschränkte man sich auf das geistliche Strafmittel der Excommunication, welche im Contumacialwege verhängt wurde über Priscillianus, seinen Lehrer Elpidius und über zwei zu ihnen haltende bätische Bischöfe, Instantius und Salvianus. Eben diese zwei Bischöfe lassen sich aber durch den Spruch der Synode so wenig einschüchtern, dass sie den bis dahin im Laienstande verbliebenen Priscillianus jetzt, nachdem er verurtheilt worden, auf einen Bischofstuhl in Lusitania (Abila) erheben, dadurch die Macht der Sekte auch im Westen Spaniens befestigen und der gewichtigen Persönlichkeit des Priscillianus Sitz und Stimme in etwaigen künftigen Synoden sichern. Die Gegner müssen gefürchtet haben, im synodalen Majoritätskampfe schliesslich den Kürzern zu ziehen; wenigstens greifen sie von nun an zu weltlichen Mitteln. Dem Bischof

---

biblische Fragen vorlegt, zu dieser Druidenfamilie gehörte, Delphidius selbst aber, *qui omnes Gallias prowu terumpue suo* Bastyhte *illustrarit ingenio*, nie von der *scientia legis Dei* erleuchtet wurde. Auch sonst belehrt dieser Brief des Hieronymus recht vielseitig über den hohen Ruhm der gallischen Rhetorik, die auch in seinen Zusätzen zu Eusebios' Chronik mit besonderer Vorliebe berücksichtigt wird. Als Beispiel stehe hier die Anzeichnung z. J. 337 über eine Rhetorentochter: *Nasarii rhetoris filia in eloquentia patri consequatur*. — Ueber die Urbica sagt Prosper's Chronik z. J. 385 (p. 156 *Rösler*): Urbica Burdigalae quaedam *Priscilliani discipula nomine Urbica ob impietatis pertinaciam per seditionem vulgi lapidibus exstincta est*. Da Ort, Zeit und sachliche Analogie dafür sprechen, habe ich kein Bedenken getragen, zwischen dieser Urbica und dem von Ausonius (prof. 21) gepriesenen griechischen Dichter und Grammatiker Urbicus in Burdigala einen verwandtschaftlichen Zusammenhang anzunehmen.

[20]) Philastrius, Bischof von Brixen, Verfasser des ältesten lateinischen Verzeichnisses von Häresien (gest. um Philastrius 388), welcher die Priscillianisten noch gar nicht unter diesem Namen kennt, sondern blos als Abart der Manichäer bezeichnet, weiss doch schon, dass sie gleichsehr in Südfrankreich wie in Spanien verbreitet sind; der Schluss seines die Manichäer behandelnden 61. Abschnittes lautet: *et latrones iam sub figura confessionis christianae multorum animas mendacio ac perculali turpitudinis non deviant capticare, qui et in Hispania et quinque provinciis latere dicuntur multosque hac quotidie fallacia captivare*. J. A. Fabricius in seiner Note zu dieser Stelle bürdet dem Philastrius eine unbegreifliche Tautologie auf, indem er *quinque provinciis* auf die Eintheilung Spaniens in fünf Provinzen bezieht. Er hätte sich aus Gothofredus zu *Cod. Theod.* 16, 10, 15 belehren können, dass Südfrankreich, dessen Haupttheil Aquitanien ausmachte, gegen Ende des vierten Jahrhunderts die Benennung *quinque provincias* führte. Sollte es dafür nach allem von Gothofredus Beigebrachten und nach der oben (Anm. 2) erwähnten Böcking'schen Forschung noch eines Beweises bedürfen, so würde man ihn aus Philastrius selbst führen können. Denn der 84. Abschnitt, welcher noch einmal die Priscillianisten unter dem von ihrer Askese hergenommenen Namen *Abstinentes* bespricht, sagt gleich zu Anfang: *Sunt in Gallia et Hispaniis et Aquitaniis soluti Abstinentes qui et Gnosticorum et Manichaeorum particulam perniciosissimam sequi sequuntur*. — Lübkert p. 51 hat sich von Fabricius irre führen lassen.

von Merida[11]) Idacius, der, unterstützt von einem andern fast gleichnamigen Bischof Ithacius, den Priscillianismus allzu heftig, wie Severus meint, verfolgte, gelingt es von dem damaligen weströmischen Kaiser Gratianus ein Rescript[12]) zu erwirken, vor dessen scharfen Bestimmungen Priscillianus und die Seinigen sich für den Augenblick zurückziehen, ohne es auf eine öffentliche Gerichtsverhandlung ankommen zu lassen. Aber darum hatte die Sekte den Kampf noch nicht aufgegeben. Ihre Häupter, Priscillianus an der Spitze, machen sich nach Rom auf den Weg, und benutzen die Durchreise durch Aquitanien um ihren dort schon vorhandenen Anhang durch den Eindruck ihres persönlichen Erscheinens zu vermehren. Am leichtesten gelingt es ihnen mit den Einwohnern der Stadt Euse[13]) in Gascogne, in deren Nähe Severus lebte — ein Umstand, den wir im Auge behalten müssen, da er Aufschlüsse über Anlage und Absicht der Severischen Chronik gewähren kann. In Italien angekommen wollen sie nicht sogleich das Beispiel der Gegner durch Anrufung der weltlichen Macht nachahmen, sondern sie versuchen zuerst, die höchsten geistlichen Würdenträger Italiens, den als Gönner des Hieronymus bekannten römischen Bischof Damasus und den mailändischen Ambrosius, von dem Ungrund der gegen sie erhobenen Beschuldigungen zu überzeugen. Da ihnen jedoch an den Thüren dieser beiden Kirchenfürsten der Einlass verweigert wird[14]), wissen auch sie sich die Thore des kaiserlichen Pallastes mittels des goldenen Schlüssels zu öffnen, der besonders am Hofe des Gratianus unwiderstehlich war. Priscillianus wendete sein eignes grosses Vermögen und die ihm zur Verfügung stehenden Reichthümer seiner Anhänger im

---

Idacius und Ithacius.

[11]) Nach der Lesung des Vaticanus Chron. II, 46, 8: *Emeritae sacerdotem*. Statt dessen steht bei Flacius *emeritae aetatis sacerdotem*. Der Urheber dieser Interpolation wusste demnach nichts von *Augusta Emerita* und schob dafür einen alten 'emeritirten' Priester unter — eine Ignoranz und eine Lächerlichkeit, die man dem keineswegs ungelehrten Flacius selbst nicht zutrauen kann und also aus der Hildesheimer Handschrift herleiten muss. Mithin genügt schon dieses eine Beispiel von Abweichung, um die Vermuthung der Identität des Vaticanus und Hildesianus umzustossen (siehe den Anhang). — Der Genosse des Bischofs von Merida heisst übereinstimmend im Vaticanus und bei Flacius *Sosubensis episcopus* 47, 3. Aber da es bisher nicht gelingen wollte, diesen Ortsnamen mit Sicherheit auf einen sonst bekannten zurückzuführen, so hilft er wenig gegen die, jetzt nicht blos in Sachsen unvermeidliche, Verwechselung zwischen den beiden, nur durch hartes und weiches d unterschiedenen Idacins. Severus hätte der Verwirrung vorbeugen können durch Anwendung des Cognomen *Clarus*, das nach Isidorus (*de viris ill.* 2) einer dieser Bekämpfer des Priscillianismus geführt hat. Aber seine Feder mag sich gesträubt haben, auch nur den Namen 'Herrlich' einem der Männer zu geben, die er beide mit so schwarzen Farben schildert. Von dem einen sagt er *II, 46, 9: sine modo et ultra quam oportuit . . . . lacerare fucem . . . nocenti incendio suldidit* und von dem andern gar folgendes *II, 50, 2: Ithacium nihil pensi, nihil sancti habuisse (= Sallust. Jugurth. 41 extr.) definio. Fuit enim audax, loquax, impudens, sumptuosus, ventri et gulae plurimum impotiens*. Auch hätte *Clarus* zu einer noch peinlicheren Verwechselung Anlass geben können, da ein damals in Gallien berühmter Presbyter, ein von Severus hochverehrter Schüler des Martinus (*Vit. Mart.* 23), diesen Namen trug.

[12]) Chron. II, 47, 6 *rescriptum, quo universi haeretici excedere non ecclesiis tantum aut urbibus sed extra omnes terras propelli iuberentur*. Nach Gothofredus zu *Cod. Theod.* 16, 2, 35 soll *extra omnes terras* soviel bedeuten wie *extra centesimum lapidem* der betreffenden Stadt. Seine etwas verwickelte Beweisführung muss man bei ihm selber einsehen und prüfen; letzteres kann hier um so weniger geschehen als sie in die weitverzweigte Streitfrage über die suburbicarischen Provinzen eingreift.

Elusa.

[13]) Chron. II, 48, 2 *maximeque Elusanam plebem sane tum bonam et religioni studentem pravis praedicationibus perverterae*. Diese Wendung und besonders *tum* liefert den deutlichsten Beweis, dass Severus die Elusanische Gemeinde zu verschiedenen Zeiten aus eigener Anschauung kannte. — De Prato (*Vol. I p. LVII*) weist als andere wechselnde Aufenthaltsorte des Severus Tolosa und Elusio in der narbonensischen Provinz nach; die hiesige Stelle hat er nicht berücksichtigt. — Ueber *Elusa* hat Joseph Scaliger *opusc. p. 99 ed. Fr.* gehandelt.

[14]) Chron. II, 48. 2: *Romam profecti ut apud Damasum urbis ea tempestate episcopum obiecta purgarent . . . . ne in conspectum quidem eius admissi sunt*. Es scheint als hätte der Chronograph Idacius u. J. 386 (p. 157 *Rösler*) diese

Dienste der Sekte auf; ein bei dem kaiserlichen Minister Macedonius und dem spanischen Proconsul Volventius wohl angebrachtes Douceur hat die Wirkung, dass die früheren, dem Priscillianus feindlichen kaiserlichen Erlasse cassirt werden, dass Priscillianus und seine Genossen ihre zeitweilig aufgegebenen Bisthümer unbelästigt wieder einnehmen, dass sie nun ihrerseits ihren Verfolger Ithacius in die Flucht nach Gallien treiben. Dessen dort bei dem gallischen Präfecten Gregorius angezettelten Umtriebe wissen sie mit Hilfe ihres inzwischen durch neue Gaben angefrischten Gönners Macedonius zu vereiteln.

So war denn der Bann, welchen die Synode zu Sarragossa ausgesprochen hatte, unwirksam gemacht, und die ganze Angelegenheit nicht über das Stadium kirchlichen Haders und höfischer, bald für die eine bald für die andere Partei erfolgreicher Ränke hinausgeführt worden; zu einer auch vor dem weltlichen Tribunal rechtskräftigen und praktisch durchführbaren Entscheidung war man nicht gelangt. Gar bald sollte jedoch auch dieses erreicht werden durch gewandte Benutzung der grossen politischen Bewegungen, welche mit dem Aufstand der von Maximus geführten britannischen Legionen begonnen, in ihrem weiteren Verlauf den Sturz und Tod des jungen Kaisers Gratianus herbeigeführt, und in ihrem schliesslichen Ergebniss die gesammte west- und oströmische Welt zum letzten Mal der Herrschaft eines Einzigen, des Theodosius, unterworfen haben. Maximus, ein Spanier von Geburt und daher der Einwirkung spanischer Bischöfe um so zugänglicher, war sich nach seinem leichten Siege über Gratianus wohl bewusst, dass er nun erst den eigentlichen Kampf mit Theodosius, dem von Gratianus auf den Thron des Orients gehobenen ersten Feldherrn seiner Zeit, zu bestehen haben werde. Hatte doch hauptsächlich Eifersucht auf diese Erhebung seines früheren Waffengefährten und Landsmannes den Maximus an die Spitze der Aufständischen geführt. Theodosius nun aber hatte gleich nach seinem Regierungsantritt dem Klerus die festesten Bürgschaften seines Glaubenseifers durch Maassregeln gegen die Arianer gegeben; und die politische Rücksicht, welche zu allen Zeiten Usurpatoren mit einer mächtigen Geistlichkeit schon thun heisst, so lange sie noch nicht fest auf ihren Thronen sitzen, ward daher für Maximus ein Gebot der Nothwendigkeit: er hätte einen gar zu schlimmen Stand gehabt, wenn er dem rechtmässigen und rechtgläubigen Kaiser Theodosius gegenüber nicht bloss als ein Thronräuber, sondern auch noch als Beschützer von Ketzern dagestanden hätte. Diese an sich schon den Priscillianisten so ungünstigen Verhältnisse wurden für sie noch dadurch verschlimmert, dass die Beamten der eben durch Maximus gestürzten gratianischen Regierung mit ihnen im Bunde gewesen waren. Ihr Verfolger Ithacius dagegen, der von seinem spanischen Bisthum flüchtig zu Trier, der gallischen Hauptstadt, sich aufhielt, sah seine kühnsten Hoffnungen erfüllt. Gleich bei

---

Worte vor sich gehabt, was angemerkt zu werden verdient, weil Benutzung der Severischen Chronik bei den Spätern nur selten nachweisbar ist. — Macedonius war *magister officiorum*, d. h., wie Niebuhr (*Corp. Bys. I p. XXI*) das in der Person dieses Beamten vereinigte Aemtergewimmel modern umschreibt, er war 'Minister der auswärtigen Angelegenheiten, Hofmarschall, Ceremonienmeister, Generalpostmeister und Director der Gewehrfabriken.' — Die Fragen über das spanische Proconsulat und Vicariat hat Gothofredus zu *Cod. Theod.* 9, 1, 14 mit Rücksicht auf die priscillianistischen Vorgänge erörtert. Ich führe den Gothofredus so oft als möglich an, weil kein Herausgeber der Chronik sein unerschöpflich reiches Werk benutzt hat. Der *vir doctus*, den er zurechtweist, ist Sigonius zu unserer Stelle *II*, 49, 8. Böcking hat *Not. dign. occ. c.* 20 die Darstellung des Gothofredus mit Nachträgen und Berichtigungen versehen.

Magister officiorum

dem ersten Gerücht von dem Aufstand des Maximus hatte er erkannt, welche Aussichten ihm dieses Ereigniss eröffne, und um die Dinge reifen zu lassen hatte er sich einstweilen zu abwartender Unthätigkeit entschlossen [15]. Kaum aber war Maximus als Sieger in den Pallast zu Trier eingezogen, so richtete Ithacius an ihn eine Eingabe, die unter gehässigen Anklagen (*preces plenae incidiae et criminum*) gegen die Priscillianisten um Einleitung einer Untersuchung bat. Maximus nimmt ohne Verzug die Sache in seine Hand, und erlässt an die obersten Beamten Galliens und Spaniens den Befehl, dafür zu sorgen, dass alle in die Sache Verwickelten sich vor einer in Bordeaux abzuhaltenden Synode einfänden. Die blosse Wahl gerade dieser aquitanischen Stadt, der einzigen welche, auf Betrieb ihres Bischofs Delphinus, bei der früheren Durchreise des Priscillianus ihm ihre Thore verschlossen hatte, musste ihn schon einen schlimmen Ausgang ahnen lassen; und als nun vollends einer seiner bedeutendsten Genossen, der spanische Bischof Instantius, dessen Sache die Synode zuerst vornahm, zu Verlust seiner bischöflichen Würde verurtheilt worden, weigert sich Priscillianus, der Synode Rede zu stehen und stellt es seinen Anklägern anheim, ihn vor dem weltlichen Gericht zu verfolgen. Schon daraus, dass Priscillianus überhaupt diesen Weg wählen konnte, erzielt sich, dass die gegen ihn erhobene Anklage nicht auf eine rein kirchliche Sache, d. h. auf eine Frage des Dogma's oder des sittlichen Anstandes (*causa fidei vel morum*) beschränkt war; denn alsdann hätte die Entscheidung ausschliesslich der Synode zugestanden und Verlegung vor ein weltliches Gericht wäre unmöglich gewesen. Sondern es müssen schon hier vor der Synode Klagepunkte vorgebracht worden sein, die juridisch einen Criminalfall begründen [16]; alsdann hatte die geistliche Behörde nur schiedsrichterliche Gewalt, die selbstverständlich erlischt, sobald Einer der beiden Theile seine Einwilligung versagt. Weshalb nun Priscillianus, obgleich die Ungunst des Maximus ihm nicht zweifelhaft sein konnte, dennoch es vorzog, das weltliche Gericht anzurufen, von dem er eintretenden Falles viel härtere Strafen gewärtigen musste als von dem geistlichen Schiedsgericht, das an ein durch Privatwillkühr zu übernehmendes Strafobject gebunden war — auf diese Frage lassen sich mancherlei Antworten geben. Vor allen Dingen wollte er Zeit gewinnen; bei der Unsicherheit der damaligen politischen Lage konnte eine

---

Sallust nachgeahmt

[15]) Chron. II, 49, 5: *Ithacius statuit licet rebus dubiis novi imperatoris adventum expectare; interim sibi nihil agitandum*. Diese Worte enthalten eine versteckte aber unleugbare Nachahmung des Sallust; *Iug.* 39 extr. heisst es von dem Consul Albinus, der die Mannszucht im Heere gelockert fand, *ex copia rerum statuit sibi nihil agitandum. Interim Romae etc.*

[16]) Isidorus (*de viris ill.* 2) belehrt über den Inhalt einer in Angriff übergehenden Vertheidigungsschrift des Idacius, deren Bezug auf diese Verhandlungen unverkennbar ist: *Idacius, Hispaniarum episcopus, cognomento et eloquio Clarus* (vgl. Anm. 11) *scripsit quendam librum sub apologetici specie, in quo detestanda Prisilliani dogmata et maleficiorum*

Klagepunkte gegen Priscillianus

eius artes libidinumque eius probra demonstrat, ostendens Marcum quendam Memphiticum, magiae criminosissimum, discipulum Manis fuisse et Prisciliani magistrum. Hier sind die im Text erwähnten drei Arten von Klagepunkten mit erwünschtester Deutlichkeit geschieden; in *detestanda dogmata* ist die *causa fidei* bezeichnet; *libidinum probra* enthalten eine *causa morum*; *maleficiorum artes* aber begründen, wie sich weiterhin herausstellen wird, die *causa publica*. Und damit dieses Criminalverbrechen nicht auf die Person des Priscillianus beschränkt, sondern der gesammten Sekte gemeinsam und wesentlich erscheine, wird es auf den ersten Stifter der Sekte, und den Aegypter Marcus, zurückgeführt. — Was ich im Text aber die je nach den Gegenständen der Klage verschiedene Befugniss des geistlichen Gerichts sage, ist aus Bethmann-Hollweg, Civilprocess § 12, und aus brieflicher Mittheilung Theodor Mommsen's entnommen. Dafür, dass das geistliche Schiedsgericht, unter den für jedes Schiedsgericht geltenden Beschränkungen, auch statt Criminalprozess eintreten konnte, beruft sich Mommsen auf die Novelle Valentinians III *de episcopali iudicio* (tit. 34 Hänel).

neue Wendung ihm Hilfe bringen; er mag auch nicht verzweifelt haben, am Hofe des Usurpators, dessen Geldnoth und Geldgier offenkundig waren, durch dieselben Mittel zu wirken, die ihm am Hofe des Gratianus genützt hatten; endlich durfte er die Hoffnung hegen, die ihn ja auch nicht gänzlich getäuscht hat, dass aus Standesinteresse die Geistlichkeit es bedenklich finden werde, gegen einen Standesgenossen vor einem weltlichen Gericht zu klagen. Aus nicht minder begreiflichen Gründen mögen wiederum die Gegner des Priscillianus ihm gerne vor das kaiserliche Tribunal gefolgt sein. Gerade das beschränkte Strafmass, welches ein geistliches Urtheil nicht überschreiten konnte, liess sie leicht auf dasselbe verzichten; sie hofften auch vor dem weltlichen Richter zu siegen, und konnten dann die Vernichtung der Sekte mit viel handgreiflicheren Mitteln betreiben. Solche auf Erreichung des augenblicklichen Zweckes gerichteten Erwägungen waren stärker als jene allgemeineren, die Stellung ihres Standes zur weltlichen Macht betreffenden Bedenken; die Synode bricht ihr eigenes Verfahren ab ohne ein Urtheil zu fällen, und zwei aus ihrer Mitte, Ithacius und Idacius, die bisherigen Hauptgegner des Priscillianus, folgen ihm als Ankläger an den kaiserlichen Hof nach Trier.

Von diesem Zeitpunkt an (384) beginnt nun die Spaltung unter den rechtgläubigen Bischöfen selbst, welche bis in das fünfte Jahrhundert fortdauerte, und deren Spuren der Chronik des Severus aller Orten eingedrückt sind. Martinus nämlich und mit ihm übereinstimmend Severus missbilligten das Benehmen der Synode als eine Charakterlosigkeit (*inconstantia*); man hätte — meinten sie — trotz des Priscillianus Weigerung das geistliche Gericht anzuerkennen, dennoch ein Urtheil fällen und sich innerhalb der geistlichen Strafmittel halten sollen; es wäre der Sache völlig Genüge geschehen, wenn man die Priscillianisten für Ketzer erklärt und aus der kirchlichen Gemeinschaft gestossen hätte; höchstens hätte man auf Perhorrescirung der einzelnen Mitglieder der Synode eingehen dürfen, dann aber das Erkenntniss anderen neu zu berufenden Bischöfen vorbehalten müssen; gar nicht zu rechtfertigen sei es, dass man eine Sache solcher Art an den Kaiser bringe [17]). Zunächst machte Martinus diese Auffassung dem Ankläger Ithacius gegenüber geltend und forderte ihn auf, von der Anklage zurückzutreten. Als er hier vergeblich sich bemühte, wandte er sich an den Usurpator selbst. Dieser hatte von Anbeginn dem Martinus eine Verehrung bezeigt, die wenigstens äusserlich um so höher sich steigerte, je weiter er den Freimuth dieses einen Bischofs von der höfischen Unterwürfigkeit der übrigen sich entfernte. Martinus hat es gewagt, die erste Einladung zur kaiserlichen Tafel auszuschlagen mit dem Bemerken, er könne nicht Brod brechen mit einem Manne, der dem einen Kaiser, dem Gratianus, das Leben, dem andern,

---

[17]) Aus den vielen hierauf bezüglichen Stellen des Severus wähle ich zur Mittheilung folgende bündige: *Chron.* II, 49, 9 *Priscillianus vero, ne ab episcopis audiretur, ad principem provocavit; permiserunque id nostrorum inconstantia* (dieser Tadel wird wiederholt *Vit. Mart.* c. 20 und unten Anm. 33); *quia* (Du Prato conjicirt unnöthig *qui*) *aut sententiam in refragantem ferre debuerant, aut si* (so der Vaticanus statt *nibi* des Flacius) *ipsi haberentur aliis episcopis audiendam reservare, non causam imperatori de tam manifestis criminibus permittere.* Man braucht diese Worte nicht einmal aufmerksam sondern nur überhaupt zu lesen, um einzusehen, dass eine Appellation im gewöhnlichen Sinne, d. h. von einem Urtheil der unteren Instanz an die höhere, hier nicht vorliegt. Die Synode kam gar nicht zum Urtheil (*ne ab episcopis audiretur*) und *refragantem* sagt deutlich, dass es sich um Einspruch gegen die Zuständigkeit der Synode handelt. Welche Verwirrung aus der Verwechselung dieser Recusation mit einer Appellation entstehen muss, denkt sich Jeder von selbst.

Valentinianus dem Zweiten, den Thron geraubt habe. Worauf Maximus ihm demüthig und im Wesentlichen wahrheitsgetreu vorstellte, dass er weit mehr das Werkzeug der britannischen Legionen gewesen sei als ihr Führer, dass er wenigstens ausserhalb der Schlacht kein Blut vergossen habe; endlich bat er den frommen Mann, in der wunderbaren Grösse und Plötzlichkeit seines mit so geringen Mitteln erreichten Erfolgs den Finger Gottes zu erkennen [18]). Mit noch demüthigerem Bezeigen hatte die Kaiserin um die gute Meinung des Martinus sich beworben und, nach Frauenart, die bösen Ahnungen, welche die unerwartete Erhebung auf eine so schwindelnde Höhe ihr erregte, durch einen Akt selbstgewählter Erniedrigung zu beschwichtigen gesucht; sie hat einmal mit eigner Hand dem Martinus Speisen bereitet und bei der Mahlzeit ihm als Magd aufgewartet. In so vertrauten Beziehungen zu dem kaiserlichen Ehepaar ward es dem Martinus leicht, während seiner Anwesenheit in Trier die Eröffnung der von ihm missbilligten gerichtlichen Procedur gegen die Priscillianisten zu hintertreiben, und vor seiner Abreise dem Maximus das Versprechen zu entlocken, dass man den Angeklagten keinenfalls an das Leben gehen werde.

Der Usurpator versprach, und hielt nicht; Martinus war eben nur ein einzelner Bischof und die Politik des Maximus wollte sich die Unterstützung der bischöflichen Majorität sichern. Diese aber bestürmte ihn, dass er der Sache ihren criminalrechtlichen Lauf lasse. Er entschloss sich endlich dazu, um so bereitwilliger, als die Formulirung der Klage ihm Aussicht auf umfassende Confiscationen eröffnete, deren sein leerer Schatz für den drohenden Krieg mit Theodosius gar sehr bedurfte [19]).

Sobald nämlich die Angelegenheit aus dem Sitzungssaal der Synode vor die Schranken des weltlichen Tribunals verlegt wurde, mussten die Klagepunkte, welche das Dogma und die

---

Regierung
des
Maximus.

[18]) *Vid. Mart. c. 20: Maximus se non sponte sumpsisse imperium (affirmavit) sed impositam sibi a militibus divino nutu regni necessitatem armis defendisse, et non alienam ab eo dei voluntatem videri penes quem tam incredibili eventu victoria fuisset, nullusque ex adversariis nisi in acie occubuisset*. Diesen Inhalt des Gesprächs konnte Severus auf dem zuverlässigsten Wege, durch Martinus selbst, erfahren. Dass Maximus sich für einen 'speciellen' Schützling Gottes hielt oder gehalten wissen wollte, zeigt auch der Eingang zu seinem an den römischen Bischof Siricius gerichteten Brief (*Pontificum Rom. Epist. Genuinae p.* 419 *ed. Schönemann*): *quia maius circa me et speciale iudicium divinitatis experior, hoc me confiteor curam (fidei catholicae) habere maiorem, qui ridelicet ad imperium ab ipso statim salutari fonte consecraderim* (d. h. er hatte es, wie Theodosius, zweckmässig gefunden, nicht als Kaiser aufzutreten, bevor er die Taufe empfangen); Christ konnte er deshalb doch nach bekannter damaliger Sitte, schon lange vorher gewesen sein) *et cui in omnibus semper conatibus atque successibus Deus fautor adfuerit*. Die Aechtheit dieses Briefes ist ausser Zweifel; auch er erwähnt die nur in dieser Zeit nachweisbare Eintheilung Frankreichs in *Galliae et quinque provinciae* (s. oben Anm. 10). — Eben so sicher kann, was Severus den Maximus über seine Scheu vor Blutvergiessen in der ersten Zeit seiner Regierung sagen lässt, anderswoher erhärtet werden. Pacatus muss nach Art der Panegyriker in seiner Lobrede auf Theodosius natürlich dem von diesem besiegten Maximus möglichst viel Böses nachsagen. Hinsichtlich seiner Grausamkeit weiss er jedoch nichts vorzubringen als folgendes (*c.* 28): *Quod si cui ille (Maximus) pro ceteris sceleribus suis minus crudelis fuisse videtur, vestrum is, vestrum, Vallio triumphoks et trubeate Merobaudes, recordetur interitum, quorum alter . . . . vitla sese obdicere compulsus est, alteri manibus satellitum Britannorum gula domi fracta . . . . ut scilicet maluisse vir ferri amantissimus videretur laqueo perire quam gladio*. Uebersetzt man dies aus der Sprache des Panegyrikus in die Sprache der Geschichte, so erkennt man, dass die genannten zwei Heerführer des Gratianus, welche als Beispiele von Maximus' Grausamkeit allein aufzutreiben waren, nicht von diesem hingerichtet wurden, sondern nach ihrer Niederlage sich selbst entleibt haben.

Seine
Finanznoth.

[19]) Deutlich und milde spricht darüber Severus *Dial. III*, 11 *extr.: Ferter enim ille vir (Maximus) multis bonis* que *artibus* (so, statt der unmöglichen Vulgata *actibus*, schreibe ich mit einer Handschrift und auf Grund einer offenbar nachgeahmten Stelle des Sallust *Iug.* 28) *praeditus adversus avaritiam parum consuluisse, nisi regni necessitate, quippe exhausto*

Kirchenzucht betrafen, aufgegeben werden, und die Klage ward formal auf ein Criminalverbrechen gestellt, das nach dem damaligen Stand der römischen Gesetzgebung vollkommen hinreichte, um nicht bloss auf Priscillianus selbst, sondern auch auf seine entferntesten Anhänger die schwersten Strafen an Leib und Gut herabzuziehen und die Vernichtung der gesammten Sekte durch richterliche Gewalt zu ermöglichen. Schon die ältere Kaiserzeit hatte, anknüpfend an das sullanische Gesetz über Mord und Giftmischerei (*Ad legem Corneliam de sicariis et veneficiis*, *Dig.* 48, 8), eine Reihe von Strafbestimmungen ausgebildet gegen Zauberkünste, Nativitätsstellen und ähnlichen Unfug, der bei der geringen Pflege der Naturwissenschaften und bei der stets wachsenden Religionsverwirrung immer üppiger aufwucherte. Gewiss haben die über ihre Zeit nicht erhabenen Gesetzgeber und Beamten zum Theil sich von dem ehrlichen Wahnglauben an die Gefährlichkeit dieser Dinge leiten lassen, und mit so durchschauender Verachtung wie der geistvolle Tyrier Ulpianus [10]) mögen nur sehr Wenige auf die '*Abgeschmacktheiten (ineptiae)*' geblickt haben; noch gewisser aber ist, dass früh und spät sowohl Privatleute — man denke an die Klage gegen Apuleius, der wir seine vortreffliche Vertheidigungsrede verdanken — als Kaiser und kaiserliche Behörden die Dehnbarkeit der Vorstellungen über Zauberei dazu benutzten, um in äusserlicher Form Rechtens Jemand, dem sonst nicht beizukommen war, bei Seite zu schaffen. Am deutlichsten und schauerlichsten waren unter der Regierung des Valens und Valentinianus I., ein Jahrzehend vor dem Priscillianistenstreit (370), diese an die Majestätsgesetze erinnernden und in sie auch vielfach übergehenden Gesetze über Magie zu politischen und fiscalischen Zwecken in massenhaften Verfolgungen missbraucht worden, gleichzeitig in Rom und in Antiochia. Im Orient besonders hatte man damals auf solchem Wege eine schonungslose Reaction durchgeführt gegen die von Kaiser Julianus bevorzugten neuplatonischen Philosophen, deren thaumaturgisches Gaukelwesen sie allerdings dem Buchstaben dieser Gesetze unterwarf; und Hand in Hand mit den Hinrichtungen waren die Verbrennungen der philosophischen Bibliotheken gegangen, nicht allein auf amtlich angezündetem Holzstoss, nachdem man die Bücher für magische, also verbotene erklärt hatte; auch Privatleute suchten sich aus eigenem Antriebe eines so gefährlichen Besitzes zu entledigen, da die volle Schärfe der Gesetze das blosse Lernen der Magie eben so unerbittlich traf wie das Lehren und Ueben; Bewohner eines Hauses, in welchem ein verdächtig aussehendes Pergament verwahrt wurde, fühlten sich keinen Augenblick sicher vor der Zunge des Angebers und dem Schwert des

---

a superioribus principibus rei publicae aerario, paene semper in expectatione atque procinctu bellorum civilium constitutus facile circumibitur quibuslibet occasionibus subsidia imperio paraturus (Von artibus an ist hier stillschweigend eine Reihe handschriftlicher Lesarten benutzt, welche bei De Prato in den Noten versteckt sind). — Pacatus c. 26 schildert die 'Räuberhöhle *(non imperatoris domicilium sed latronis receptaculum)*' des Maximus mit Benutzung von *Cic. Phil. III*, 4, 10; V, 4, 11, aber doch auch mit manchen originalen Zügen. Dass er die von Severus anerkannten mildernden Umstände gelten lasse, darf man von dem Panegyriker des Theodosius nicht verlangen.

[10]) Man kann die Mischung von Betrug und Uebersengung, welche sich in jedem Charlatan vollzieht, nicht *Ulpianus.* kürzer und richtiger bezeichnen, als Ulpianus es gethan hat in folgenden Worten: *interdictum est mathematicorum callida impostura et obstinata persuasione*; sie sind in die *Collatio XV*, 2, 1 aufgenommen aus dem siebenten Buch von Ulpianus' Schrift *de officio proconsulis*. Den Verlust dieses siebenten Buches muss man auch in historischem Interesse auf das Höchste beklagen, denn in demselben waren alle auf Religionsverfolgung bezüglichen Rescripte der Kaiser gesammelt (*Lactant. Inst.* V, 11 extr. *Domitius de officio proconsulis libro septimo rescripta principum nefaria collegit ut doceret quibus poenis affici oporteret eos, qui se cultores Dei confiterentur*).

14

Honkern [21]). Während dieser Verfolgungen waren alle Lücken, welche die frühere Gesetzgebung noch gelassen hatte, auf legislatorischem [22]) Wege oder durch eine schlau ergänzende Praxis ausgefüllt worden, und die legale Maschine hatte die fürchterlichste Leichtigkeit der Handhabung erreicht, die Kunst, sie gegen ganze Klassen der Gesellschaft in Bewegung zu setzen, stand, von jenen Zeiten des Valens und Valentinianus her, noch im frischesten Andenken als man sie gegen Priscillianus und die Seinigen spielen liess. In der That, nachdem einmal ein römischer Beamte die Anklage auf *maleficium* [23]) — dies war die gangbare Bezeichnung für jegliche Unfug verbotener Künste — angenommen hatte, liess der damalige Criminalcodex den 'Unglücklichen,' wie Martinus in seiner Fürbitte die Priscillianisten nannte, keine Hoffnung mehr. Priscillianus konnte nicht leugnen, dass er die sogenannt zoroastrischen und andere magischen Bücher eifrig studire [24]). Waren doch Schriften dieser Gattung die Fundgrube, aus welcher fast alle späteren gnostischen Sektenhäupter sich mit astrologischen und physiologischen Analogien für ihre Dogmen versahen; und besonders Priscillianus, der eine sinnbildliche Bedeutsamkeit des menschlichen Körpers lehrte und die einzelnen Glieder desselben den einzelnen Theilen des Himmelsgebäudes entsprechen liess, konnte für solche Beziehung zwischen Mikro- und Makrokosmus die brauchbarsten Vorarbeiten in jener magischen Litteratur finden. Nicht minder offenkundig war es, und musste daher auch von Priscillianus im peinlichen Verhör eingestanden werden, dass er nächtliche Gebetsversammlungen abgehalten habe; und gerade diese waren erst vor Kurzem durch ein von Valentinianus I. erlassenes Gesetz [25]) ausdrücklich in den Kreis der als magisch verbotenen

Processe gegen Magie. [21]) Die obige Schilderung beruht zum Theil wörtlich auf Amnian. *XXIIX*, 1; *XXIX*, 1 u. 2 und auf Zosim. *IV*, 13—16. Heyne in einer Anmerkung zu Zosimus (p. 385 Bon.) wundert sich mit Recht, dass weder Gibbon noch sonst Jemand die culturgeschichtlichen Folgen hervorgehoben hat, welche diese Hexenprozesse durch die Verbrennung der Bibliotheken (vgl. *Jul. Paul. Rec. Sent.* 5, 23, 18) nach sich zogen. Auch Bernhardy's (Gr. L. *I*, 553) Darstellung bedarf noch dieser Ergänzung. — Was alles damals zum Todesverbrechen wurde, zeigt auf recht entsetzliche Weise ein von Ammianus (*XXIIX*, 1, 26) erzählter Fall. Lollianus, der noch unmündige Sohn eines Expräfecten Lampadius, wird auf Grund dessen hingerichtet, dass er ein magisches Buch (*codicem nariarum artium*; vgl. *Cod. Theod.* 16, 5, 34) abgeschrieben. [22]) Zur Zeit des Ulpianus war es noch controvers ob Anderes als öffentliches Leben und Lehren der Magie strafbar sei (*Collat. XV,* 2. 2); ein Gesetz des Valens jedoch, aus der Zeit der hier fraglichen Verfolgungen, macht jedwede Berührung mit magischen Dingen (*in occulto errore mathematicorum versari*) zum Capitalverbrechen, *neque enim dissimilis culpa est prohibita discere quam docere; Cod. Theod.* 9, 16, 8 = *Cod. Iust.* 9, 18, 8. Vgl. unten Anm. 24. Maleficium. [23]) *De maleficis et mathematicis et ceteris similibus* lautet die Ueberschrift von *Cod. Theod.* 9, 16 und übereinstimmend *Cod. Iust.* 9, 18. — Schon Tacitus *Annal. II,* 69 und Apuleius *Apolog. init.* p. 273 Elm. gebrauchten das Wort in diesem Sinn und Augustinus *Cir. VIII,* 19 sagt hinsichtlich der römischen Gesetzgebung über Magie: *an forte istas leges Christiani instituerunt, quibus artes magicae puniuntur, secundum quem aliam sensum nisi quod haec maleficia generi humani perniciosa esse non dubium est.* Vgl. oben Anm. 16. [24]) Um diese juristische Katastrophe vorzubereiten, hatte Severus gleich das Porträt, welches er in malitiöscher Manier von Priscillianus bei seinem ersten Auftreten lieferte, mit folgendem Zuge versehen; *Chron. II,* 46, 5 *quin et magicas artes ab adolescentia eum exercuisse creditum est.* Auch Hieronymus hebt gerade diesen Punkt bei gelegentlicher Erwähnung des Priscillianus (*ep.* 133 p. 1032 Val.) besonders hervor; er nennt ihn *Zoroastris magi studiosissimum et ex* Symbolik des Priscillianus. *mago episcopum.* Vgl. oben Anm. 16. — Die auf den menschlichen Körper angewandte astrologische Symbolik ist eines der wenigen Stücke der priscillianischen Lehre, welche selbst unsere spärlichen und trüben Quellen (Lübkert p. 33) sicher erkennen lassen; Augustinus (*de haeres.* 70) sagt darüber: *astruunt etiam fatalibus astris homines colligatos ipsumque corpus nostrum secundum duodecim signa coeli esse compositum . . . . . constituentes in capite Arietem, Tauruus in cervice etc.* Reichliche Parallelen dazu aus der paganischen Litteratur sind in Lobeck's Aglaophamus *p.* 921 aufgehäuft. [25]) *Ne quis deinceps nocturnis temporibus aut nefarias preces aut magicos apparatus aut sacrificia funesta celebrare conetur, Cod. Theod.* 9, 16, 7, wozu schon Gothofredus die einschlagende, für die spätere Geschichte der griechischen Mysterien wichtige Stelle des Zosimus (*IV,* 3) verglichen hat.

Uebungen gezogen und verpönt worden. Auch wenn der prätorische Präfect Galliens, Euodius, welcher die Untersuchung führte, von milderer Sinnesart gewesen wäre als man ihn schildert, hätte er, nachdem in zweimaliger Verhandlung diese Thatsachen ermittelt und von den Beklagten zugegeben waren, so verfahren müssen wie er verfahren ist; er erklärte den Priscillianus und seine Genossen für schuldig des *maleficium*, dessen sie bezichtigt waren [26], nahm sie in Gewahrsam und, ohne selbst das Strafmaass zu bestimmen, sandte er die Akten an den Kaiser, wie es in dergleichen Fällen, bei denen ohnehin Appellation erwartet werden musste, damals stehende Sitte [27] war. Maximus, uneingedenk seines dem Martinus gegebenen Versprechens, verordnet,

---

[26] *Chron. II*, 50, 8: *Is* (so der Vaticanus statt *qui*; gemeint ist Euodius) *Priscillianum gemino iudicio* (schon von Sigonius richtig auf die *comperendinatio* bezogen) *auditum convictumque maleficii, nec diffitentem obscoenis se studuisse doctrinis, nocturnos etiam turpium feminarum egisse conventus, nudumque orare solitum, nocentem pronunciavit.* Da diese vielfach missverstandenen Worte die Grundlage meiner gesammten Darstellung des Prozesses bilden, so muss ich sie im Einzelnen besprechen. Dass *maleficii* hier in technisch juristischem Sinne (s. oben Anm 23) zu verstehen sei, hat mit der nöthigen Bestimmtheit nur Gothofredus gelegentlich (zu *Cod. Theod.* 9, 1, 14) ausgesprochen; die Herausgeber des Severus und die Verfasser von Kirchengeschichten schweigen entweder, oder sagen Unrichtiges, oder, was bei klaren Dingen fast eben so schlimm ist, sie sagen das Richtige in unsicherem Ton. Ist nun aber Priscillianus des mit verbotenen Künsten getriebenen Unfugs 'überwiesen' worden, so war auch die Anklage auf diesen Unfug gestellt und alles Weitere der hiesigen Darstellung folgt dann von selbst. — Dass ferner unter den *obscoenae doctrinae*, zu deren 'Studium' sich Priscillianus bekennt, nicht 'Obscönitäten' im jetzt gewöhnlichen Sinne zu verstehen sind, hätten die Verfasser von Kirchengeschichten, unter denen Neander (*I* 813 der Stereotypausg.) in einen ganz absonderlichen Irrthum geräth, schon aus *doctrinae* ersehen können. Das Richtige, dass nämlich *obscoenae doctrinae* nur eine verabscheuende Bezeichnung für *artes magicae* ist, hat bereits der sonst bei der Priscillianistensache etwas einseitige Do Prato erkannt und ganz passend auf Stellen verwiesen wie *Ammian. Marc.* XIV, 1, 2 *adfectati regni vel artium nefandarum calumnias insontibus adfingebant*; vgl. oben Anm. 21 *rodicem nociarum artium*. Das Adjectiv *obscoenus* nämlich, welches von jeher im guten Latein nicht bloss das Schmutzige sondern alles Abscheuliche und Widerwärtige — man denke an *obscoenae aves* in der Auguralsprache — bezeichnete, kommt eben auch bei Severus und seinen Zeitgenossen in dieser allgemeinen Bedeutung vor (*Claud. Lell. Get.* 316, Barth zu *Ratil. Namat.* I, 387, und *Arnob adv. gent.* I, 59 *extr.*). — Was *nocturni conventus*, die Priscillianus ebenfalls eingestand, für juristische Folgen haben, ist aus Anm. 25 klar. Die *turpes feminae* (das Adjectiv ist, wie kaum gesagt zu werden braucht, ein Zusatz des Severus zu dem Bekenntniss des Priscillianus) und *nudum orare solitum* sind juristisch irrelevant; man wird ihm dergleichen nur abgefragt haben, um ihn verhasst zu machen. Dass Frauen den Gebetsversammlungen beiwohnten, versteht sich von selbst, und *nudum orare* mag mit der von Priscillianus gelehrten symbolischen Bedeutsamkeit der menschlichen Gestalt zusammenhängen. s. oben Anm. 24. — Schliesslich sei noch dem alten, wackern Walch die Ehre gegeben, da seine 'Historie der Kezereien', allein unter allen von mir eingesehenen Büchern, der Erkenntniss des wahren Sachverhältnisses wenigstens nahe gekommen ist. Z. B. heisst es dort *III*, 479: 'Man sieht hier immer voraus dass der Ketzer als Ketzer hingerichtet worden, welches historisch unerwiesen ist. Es ist aus der *quaquam* erwiesenen Historie klar, dass die Ursach des Todesurtheils in den lasterhaften Handlungen gewesen worden, welches die Frage so verändert, dass wir nicht einmal mit Grund sagen können, die Hinrichtung des Priscillians und seiner Freunde sei das erste Beispiel dass Ketzer als Ketzer hingerichtet worden, vielmehr glauben wir dass bei allem Verabscheuungswürdigen der ganzen Handlung doch Maximus kein so gefährlich Beispiel gegeben als andere' u. s. w. Diese sachgemässe Auffassung konnte jedoch Walch nicht mit den nöthigen Einzelbeweisen versehen, weil ihm das juristische Detail unklar geblieben ist. Wie er hier von 'lasterhaften Handlungen' redet, so meint er kurz vorher, die Priscillianisten hätten 'die bürgerliche Ruhe' in Gefahr gebracht; ja, selbst für die Worte *convictum maleficii* ist er nicht zu sicherem Verständniss gelangt; einmal (S. 439) übersetzt er sie derb und richtig, man habe den Priscillianus 'überzeugt, er sei ein Hexenmeister'; ein anderes Mal (S. 399) durchaus falsch, 'er wurde seiner Missethaten überführet.' Wie Lübkert (s. oben Anm. 7), der Walch's Ansicht gänzlich verwirft, die Worte des Severus verstanden, lässt sich aus seiner Schrift nicht ersehen, da er die bedenkliche Manier befolgt, die gutlateinischen Sätze des Severus, den er überdiess nur aus Vorstius' Ausgabe kennt, in sein eigenes minder gutes Latein wörtlich und ohne Zuthat einzuflechten, so dass er im Bericht desselben zwar nicht abgeschrieben aber in keinem Punkte verarbeitet hat.

[27] So sagt Ammianus XXIX, 1, 38 von den Prozessen unter Valens *imperatore cognitorum consultationi respondens sub uno proloquio cunctos iubet occidi*. Wie durchstehend die Sitte war, zeigt besonders deutlich eine Verordnung von

dass auf Capitalstrafe gegen Priscillianus und seine Genossen zu erkennen sei; und es blieb nur noch übrig, in einer Schlussverhandlung das hierauf lautende Urtheil zu verkünden.

Als die Sache diesem blutigen Ende zueilte, fand es selbst Ithacius mit seiner bischöflichen Stellung unverträglich, auch noch im letzten Termin förmlich als Ankläger wie bisher zu fungiren; er tritt zurück und ein Mitglied [38] des fiscalischen Advocatencollegiums, welches dem Büreau des prätorischen Präfecten angeschlossen war, muss auf Geheiss des Maximus die von dem Bischofe fallen gelassene Anklage aufnehmen. Der Fiscaladvocat fühlt sich in seinem Element, denn auf Füllung des Fiscus war ja seitens der weltlichen Behörde das Absehen hauptsächlich gerichtet, und er bringt es unschwer dahin [39]), dass Priscillianus nebst vieren seiner vornehmsten Anhänger, darunter die Rhetorenwittwe Euchrotia, mit dem Schwerte hingerichtet und sogar der schon von der Synode zu Bordeaux seines Bisthums entsetzte Instantius von Neuem wegen *maleficium* in Anspruch genommen und zu Deportation nach den Scillyfelsen an der südwestlichen englischen

Anfrage beim Kaiser.
Valentinianus I. (*Cod. Theod.* 9, 16, 10) dass, wenn ein Senator *maleficiorum* angeklagt ist und der Stadtpräfect nicht entscheiden mag, eine blosse Anfrage beim Kaiser, welche demnach bei nichtsenatorischen Personen das Gewöhnliche war, nicht genüge, sondern der Angeklagte an den kaiserlichen Hof zu transportiren sei. — Sigonius' Note zu der betreffenden Stelle des Severus *Chron. II*, 50 *Gesta ad palatium delata; (*so der Vaticanus statt *gratis ad pal. delatis) remoto imperator Priscillianum sociosque eius capite* (so der Vaticanus statt *capitis*) *damnari oporteret* zeigt dass ihm das gerichtliche Verfahren unter den Kaisern weniger geläufig war als das republicanische.

[38]) *Chron. II,* 51 init. *Ceterum Ithacius videns quam invidiosum sibi apud episcopos foret, si accusator* (so der Vaticanus statt *accusato*) *etiam postremis rerum capitalium iudiciis astitisset — dentm iterari iudicium nervose erat — subtrahit e cognitioni, frustra callidus* (so schreibe ich nun Theil nach De Prato's Vorgange statt *frustra, calido* des Flacius), *iam sceleri perfecto. At tum per Maximum accusator apponitur Patricius quidam fisci patronus.* Das letzte Sätzchen würde für Rechtsgeschichte recht wichtig sein, wenn wirklich die Spur von Staatsanklage darin läge, welche kein Geringerer als Gothofredus darin findet. Er sagt im Paratitlon zu *Cod. Theod.* 10, 15, wo er die Functionen der *advocati fisci* aufzählt und sonst nur solche anzugeben weiss, die sich auf fiscale Geschäfte im eigentlichen Sinn beziehen, schliesslich folgendes: *hi quoque deficiente alio accusatore accusatores reis apponebantur, ut ex Severo Sulpicio l. 2 sacrae historiae discere est.* Also eine andere Beweisstelle stand auch seiner beispielloosen Belesenheit nicht zu Gebot; die hiesige des Severus aber ley fast mit jedem Worte Verwahrung ein gegen solche Verallgemeinerung eines speciellen Falles. Erstlich hätte Severus unmöglich 'ein gewisser (*quidam*) *Patricius*' sagen können, wenn der Fiscaladvocat als solcher von Amtswegen geklagt hätte. Zweitens heisst *apponere accusatorem* nicht 'einen Ankläger in ordnungsmässigem Wege bestellen,' sondern es ist soviel wie *subornare, subdere accusatorem*; dies zeigt deutlich *Cic. Verr.* V, 41, 108 *apponitur ille tamen accusator Naevius Turpio quidam* (welche Stelle auch hinsichtlich *quidam* schlagend und möglicherweise von Severus nachgeahmt ist), und *act. sec. I*, 10, 27 *calumniatores Verres ex sinu suo apponuit.* Drittens würde es bei ordnungsmässiger Bestellung nicht haben heissen können *per Maximum* sondern es hätte heissen müssen *a Maximo*; man sagt *index datus a praetore* aber nicht *per praetorem*. Patricius klagt also nicht als Beamter, sondern er klagt als Privatmann; er ist kein bestellter, sondern ein vorgeschobener Ankläger, einer der *accusatores subditicii,* deren Verwendung seitens der späteren Kaiser bei *Ammianus XIV,* 1, 5 deutlich bezeichnet ist (*ut saltem specie tenus crimina praescriptis legum committerentur*). Jede andere Person hätte eben so gut wie ein Fiscaladvocat von Maximus vorgeschoben werden können, und dass der Patricius gerade Fiscaladvocat war, erwähnt Severus nur um der Sache die fiscalische Färbung zu geben, welche ich auch meinem Text auf Grund von Anm. 19 verliehen habe. — Wer die Verhältnisse im Einzelnen sich klar machen will, wird den Ruck tritt des ursprünglichen Klägers Ithacius, ohne dass die Klage abolirt oder er wegen Tergiversation bestraft worden, nur mit Hilfe von *Dig.* 48, 16, 13 *qui permissu Imperatoris ab accusatione destitit, impunitus est* erklären können. Dass Maximus dieses Erlaubniss gegeben, durfte Severus als eine für den sachlichen Verlauf unwesentliche Formalität uner wähnt lassen.

Standesanklage.

Apponere accusatorem.

[39]) Dafür, dass die Schlussverhandlung von Maximus selbst geleitet worden, finde ich bei Severus keine Andeutung und Prosper's Worte s. J. 385 *Priscillianus auditus Treveris ab Evodio Praefecto Praetorio gladio addictus est* sagen das Gegentheil. Rösler (*chronica medii aevi* p. 156) will den Prosper berichtigen, verwechselt aber das Rescript des Maximus (oben Anm. 27) mit der Verkündigung des Strafurtheils, die aus dem Munde des Euodius erfolgte.

Küste verurtheilt wird. Nachdem in diesem ersten Prozess die Frage principiell entschieden war, konnte ohne Schwierigkeit mit ferneren Prozessen gegen die Priscillianisten als *malefici* vorgegangen werden. Aus Aquitanien wird noch von zwei Hinrichtungen und einer Deportation nach dem Scillyfelsen ausdrücklich berichtet; nur bei Beklagten niederen Standes, zumal wenn sie aus freien Stücken gegen angebliche Mitschuldige zeugten, begnügte man sich mit zeitweiliger Verbannung in das Innere des eigentlich sogenannten Galliens (s. oben Anm. 2). Was in Aquitanien so leicht von Statten ging [30]), konnte noch leichter auf Spanien, das Heimathland der Sekte, ausgedehnt werden; und Maximus hatte schon den Befehl erlassen, dass Beamte aus seiner Kanzlei mit unbeschränkter Vollmacht sich dorthin begeben sollten, um auf Priscillianisten zu fahnden und Todesstrafen nebst Confiscationen über sie zu verhängen.

Inzwischen hatte Martinus seiner Entrüstung über das Verfahren des Ithacius und der mit ihm verbundenen Mehrzahl der Bischöfe immer offeneren Ausdruck gegeben; und beistimmend äusserte sich nicht bloss Ambrosius von Mailand, sondern es erhob sich auch eine geringe Minderzahl gallischer Bischöfe, ein sonst unbekannter Theognostus an ihrer Spitze, so nachdrücklich gegen die vorgekommene Verletzung des bischöflichen Charakters, dass Ithacius es nöthig fand, sich von einer zu Trier am Hofe des Maximus versammelten Synode eine Indemnitätserklärung geben zu lassen. Aber weder diese Erklärung noch die Vorstellungen des Maximus, dass ja Alles [31]) in 'hergebrachter criminalrechtlicher Form' vor sich gegangen und die Feindseligkeit der Bischöfe von keinem Einfluss auf das Endergebniss gewesen sei, konnten den Martinus wankend machen. Wenn er auch nicht den Ithacius und seine Verbündeten förmlich excommunicirte, wozu Theognostus sich entschlossen hatte, so mied er doch thatsächlich jede Communication mit ihnen; und nur Einmal, als Maximus die Rücknahme der für Spanien erlassenen Blutbefehle zum Preise bot, konnte er den Martinus bewegen, eine geistliche Handlung, die Ordination des Bischofs Felix von Trier, in Gemeinschaft mit der ithacianischen Partei vorzunehmen. Auch über diese einmalige Nachgiebigkeit empfand jedoch Martinus später die peinigendsten Scrupel, und, was den Mann und die Zeit bezeichnet, in Folge der Gewissenstrübung glaubte er eine Abnahme seiner wunderthätigen Kräfte zu verspüren. 'Während der sechzehn Jahre, die er noch lebte — sagt Severus (*Dial. III, 13 extr.*) — besuchte er keine Synode und hielt sich entfernt von jeder bischöflichen Zusammenkunft.'

---

[30]) Auf diese späteren Prozesse, welche wohl während der ganzen Regierungszeit des Maximus fortgedauert haben, bezieht sich der Schluss seines oben (Anm. 18) erwähnten Briefes an Siricius. — Die nach Spanien beorderten Beamten nennt Severus *Dial.* III, 11, 4 *tribunos summa potestate armatos* und § 9 *tribuni cum iure gladiorum*. Man versteht darunter gewöhnlich 'Kriegsbedienten,' wie der gute Walch *III*, 407 übersetzt; ich glaube aber mit Valesius zu *Ammian. XIX*, 12, 5 dass es *tribuni non militares sed notarii* gewesen sind.   Tribuni notarii.

[31]) *Dialog. III*, 12, 3 *haereticos iure damnatos more iudiciorum publicorum potius quam inscrtationibus sacerdotum.* Da *iudicium publicum* bekanntlich 'Criminalprozess' bedeutet, so enthalten diese Worte des Maximus einen abermaligen Beweis dafür dass die Priscillianisten als *malefici* angeklagt und verurtheilt worden. Lübbert legt eine seltsame Probe von seiner Kenntniss der juristischen Ausdrücke ab, wenn er sich p. 116 gerade auf diesen Satz beruft um gegen Walch zu erweisen *causam Priscillianistarum fuisse et romanissse mere ecclesiasticam.* — Dass mit *haereticos* in Severus' Worten nur die Personen und nicht der juridische Charakter der Priscillianisten bezeichnet ist, zeigt der Zusammenhang auf das Deutlichste, und wer sich nicht erinnert was *iure* und *more iudiciorum* technisch besagen, mag es aus Brissonius' Buch *de formulis* lernen.   More iudiciorum publicorum

3

Und zahlreich genug mögen die grossen und kleinen Versammlungen gewesen sein innerhalb dieses sechzehnjährigen Zeitraums, der uns von der Hinrichtung des Priscillianus (385) bis an das Ende des viertenJahrhunderts und zugleich an den Schluss der Severischen Chronik (s. oben Anm. 4) führt. Zunächst verlangten noch die Priscillianisten eine ununterbrochene Beaufsichtigung. Denn auch diese Sekte erfuhr die belebende und stärkende Kraft des Martyrerbluts. Nach Priscillianus' Tode gelangte sie vollends zur Blüte; ihren Stifter verehrte sie als einen für die Wahrheit gestorbenen Heiligen und ihr unverbrüchlichster Schwur war bei seinem Namen. Bis über die Mitte des sechsten Jahrhunderts hinaus lässt sich ihr Bestehen verfolgen; und noch im Jahre 563 fand die Synode von Braga (Bracara Augusta in Callaecia) es nöthig, priscillianistische Lehren und Gebräuche mit dem Anathema zu belegen. Noch häufigere Synoden aber als dieser äussere Kampf mag der innere Zwist unter den Bischöfen veraulasst haben. Martinus' Sinnesgenossen blieben zwar immer in der Minderzahl; als jedoch Maximus bei Aquileia Thron und Leben verloren hatte (388), wurden sie stark genug um den nun seines kaiserlichen Schutzherrn beraubten Ithacius der bischöflichen Würde zu entsetzen und so wenigstens den Einen, der öffentlich und förmlich als Ankläger aufgetreten war, für die ganze Partei, in deren Auftrag er gehandelt hatte, büssen [30]) zu lassen. Die Zerrüttung des kirchlichen Lebens in Folge aller dieser Vorgänge schildert der Schlusssatz von Severus' Chronik mit einer bittern Derbheit, die deutlich an sein stylistisches Muster Sallust erinnert: 'Unter den Rechtgläubigen entbrannte der Hader zu einem dauern'den Krieg, der nun schon fünfzehn Jahre in garstigem Zank geführt worden ist und durch kein 'Mittel hat zur Ruhe gebracht werden können. Gerade in diesem Augenblick, wo man in Folge 'des Zwistes unter den Bischöfen überall nichts als Unfug und Verwirrung erblickt, wo sie durch 'ihren Hass oder ihre Gunst, durch Feigheit und Charakterlosigkeit, durch Neid und Rottenwesen, 'durch Willkühr und Habgier, durch Hoffarth und träge Schlafsucht Alles haben in Verfall gerathen 'lassen, jetzt ist es dahin gekommen dass die Mehrzahl mit wahnsinnigen Entwürfen und partei'süchtiger Hartnäckigkeit gegen eine das Gute wollende Minderzahl kämpft; und während dessen 'wird der Gemeinde Gottes und jedem einzelnen Frommen mit Schmach begegnet und mit Hohn [31]).'

Man begreift leicht dass ein Schriftsteller, der indem er die Feder niederlegt noch zu einem solchen Ausbruch des heftigsten Unmuths sich hinreissen lässt, denselben im Verlauf seiner

---

Absetzung des Ithacius.

[30]) Die verderbte Stelle des Severus, für welche auch der Vaticanus keinerlei Hülfe bietet, folgt unmittelbar auf die Angaben über die verschiedene Bestrafung der Priscillianisten und lautet *Chron. II,* 51, 5: *hoc fere modo homines, licet (dieses Wort fehlt in der Vulgata) lure indignissimi poenam exemplo* ('Praecedens' *Vell. Paterc. II,* 47, 4; 114, 3) *nerati aut exiliis mulctati; quod initio iure iudiciorum* (s. Anm 31) *et egregio publico* (aus *Tacitus Annal. III,* 70) *defensum postro Ithacius in iurgiis solitus ad postremum convictus in eos retorquebat quorum id mandato et consiliis effecerat; solus tamen omnium episcopatu detrusus.* Statt der drei Worte *in iurgiis solitus* schreibe ich *iurgiis sollicitatus* und übersetze nun den ganzen Satz von *quod initio* an: 'Dieses schlimme *Praecedens* ward anfänglich mit Berufung auf den herkömmlichen Gerichtsgebrauch und das allgemeine Wohl vertheidigt; später bekam Ithacius deshalb Händel, und als er schliesslich seines Unrechtes überführt worden, schob er die Schuld auf diejenigen zurück, in deren Auftrag und Rath er gehandelt hatte.' Dass *iurgiis* nach damaligem Sprachgebrauch leichtere Prozesse bedeute, hat bereits Sigonius gesehen, mit dessen *solutus* statt *solitus* ich jedoch nichts anzufangen weiss.

[31]) *At* (so De Prato statt *ac*) *inter nostros perpetuum discordiarum bellum exarserat, quod iam per quindecim annos foedis dissensionibus agitatum nullo modo sopiri poterat. Et nunc cum maxime discordiis episcoporum turbari ac* (so De Prato

Arbeit höchstens zügeln aber nicht gänzlich ersticken kann, zumal wenn er sich einen so beziehungsreichen Stoff gewählt hat, wie ihn die biblische Geschichte bietet. Und so hat es denn Severus beim Erzählen der biblischen Ereignisse auch nicht an Seitenblicken fehlen lassen, die von dem aquitanischen Leser des fünften Jahrhunderts in ihrer Anzüglichkeit unmittelbar verstanden wurden, und auch uns, nachdem wir die damals Aquitanien beschäftigenden Fragen und Vorgänge uns vergegenwärtigt haben, nicht länger undeutlich bleiben können. Der folgende Versuch, diese Beziehungen an ausgewählten Beispielen nachzuweisen, leitet in leichtem Fortschritt zugleich auf die Besprechung der sonstigen hervorstechendsten Eigenthümlichkeiten der Severischen Schrift, indem zuerst die Stellung des Severus gegenüber der geistlichen und weltlichen Macht bezeichnet wird, und dann die planmässige Rücksicht zu Tage tritt, welche er auf die in seiner nächsten Umgebung mächtig fortbestehende Priscillianistensekte genommen hat sowohl bei der stylistischen Form der Chronik wie bei der Auswahl und sachlichen Behandlung ihres biblischen Stoffes. Vor solcher Beleuchtung durch die Zeitereignisse schwindet denn von selbst der abstossende Schein einer müssigen Stylübung, welcher vornehmlich auf den ersten Theilen der Chronik bisher gelastet und wohl hauptsächlich ihre Vernachlässigung seitens der Fachtheologen wie seitens der Historiker und Philologen herbeigeführt hat.

An die Spitze tritt füglich ein Beispiel leiser Nüancirung der geschichtlichen Thatsachen, welches von besonderem Interesse darum ist, weil die Erkenntniss der beabsichtigten Anspielung auch für Wortkritik entscheidend wird. Severus hatte seine Darstellung der Geschicke des jüdischen Volkes bis an den Wendepunkt geführt, wo der letzte König aus der vorbabylonischen Zeit, jener eben so unglückliche wie schwache Sedekias, von welchem eine alte jüdische Todtenklage[24]) sagt, dass er 'die Hefen aller früheren Jahrhunderte habe ausschlürfen müssen', einen Aufstand gegen seinen babylonischen Lehnsherrn unternimmt und die laute, Unheil verkündende Missbilligung des Propheten Jeremias erfährt. Von den verschiedenen Verhaftungen, durch welche man des Propheten Stimme zu dämpfen suchte, liefert Severus eine im Thatsächlichen bis zur Ungenauigkeit kurze Schilderung; um so ausführlicher verweilt er bei den Charakteren und Gesin-

---

statt aut) *miserri omnia cernerentur* (= *Sall. Cat.* 2 *mutari ac miserri omnia cernerse*) *cunctaque per nos odio aut gratia, metu, inconstantia* (s. oben Anm. 17) *invidia, factione, libidine, avaritia, arrogantia, somno* (dieses bei Flacius und im Vaticanus vorhandene Wort fehlt in den meisten Ausgaben durch blosse Nachlässigkeit) *desidia everti deprarata, postremo pluves adrersum paucos bene consulentes immunis consiliis et pertinacibus studiis certabant; inter haec plebs Dei et optimus unusquisque* (so der Vaticanus statt *quisque*) *probro atque ludibrio habebatur* (= *Sall. Iug.* 34 *populus ludibrio habitus* und *Cat.* 12 *paupertas probro haberi*). Die Imperfecta sind hier in der bekannten Weise des klassischen Briefstyls gebraucht. Der Schriftsteller versetzt sich aus dem bestimmt angegebenen Datum seines Schreibens, d. h. aus dem Jahr 400 (*tam per quindecim annos*), in die für die zukünftige Zeit des Lesers. Die falschen Conjecturen, welche durch Missverstehen dieser Imperfecta hervorgerufen sind, übergehe ich. — Gerade im Jahr 400 wurde eine Synode zu Toledo in der Priscillianistensache abgehalten.

[24]) ב בפרק בת צדקיה: יספה עליו. וי דמית כלסא צדקותי שתי שכדריא דכלהון דרייא. סדר עולם רבא ס׳ כדו.

nungen der betheiligten Personen. Der König, von des Propheten Unschuld überzeugt, habe ihn gern gänzlich aus der Haft befreien wollen, sei aber machtlos gewesen 'gegenüber den jüdischen Fürsten, die von jeher den Brauch gehabt, alle Guten zu bedrücken (*obsistentibus Iudaeorum principibus, quibus iam inde a principio moris fuerat bonos premere*, Chron. I, 54, 3)'. Schon dieser Ausfall, dem im biblischen Texte nichts entspricht und der bei dem seltenen Auftreten der Fürsten in der jüdischen Geschichte ungerechtfertigt ist, verräth deutlich, dass das vorliegende Ereigniss herbe Nebengedanken bei dem Erzähler aufregt. Aber fürs Erste bleibt doch wenigstens die Richtung, nach welcher der Hieb geführt ist, in Uebereinstimmung mit der Bibel, die hier שרים (*principes*) als Widersacher des Propheten nennt. Severus fährt dann fort zu erzählen, wie dieselben Fürsten es dem Könige abgedrungen, dass der Prophet aus dem leichteren Gewahrsam entfernt und in eine tiefe, unsaubere, mit tödtlicher Pestluft angefüllte Grube geworfen ward, damit er unter mannigfaltigen Qualen sein Leben aushauche [20]). Und nun brechen die Nebengedanken plötzlich hervor; die eben noch *principes* hiessen, verwandeln sich in *sacerdotes*, und der folgende Satz lautet, wiederum mit einer über den biblischen Text hinausgreifenden Zuthat: 'Aber der König, wenngleich ruchlos, war doch noch beträchtlich milder als die Priester und befahl dass man den Propheten aus der Grube hervorziehe und in das frühere Gewahrsam zurückführe (*Sed rex, licet impius, aliquanto tamen sacerdotibus mitior educi prophetam de loco et carceris custodiae reddi iubet*)'. Die nichts ahnenden Herausgeber des Severus suchen diesen unerwarteten Personenwechsel durch hermeneutische Winkelzüge zu vertuschen; am gröbsten und ehrlichsten verfährt der Berliner Rector Vorstius (s. den Anhang), der kurzweg sagt, statt *sacerdotibus* sei 'ohne Zweifel' zu lesen *principibus*. Uns hingegen zeigt der ganze Ton dieses Abschnittes dass Severus hier von Erinnerungen an die priscillianistischen Vorfälle beherrscht wird, in denen Maximus sich zwar schlimm aber, nach Severus' Urtheil, immer noch nicht so schlimm wie die ithacianischen Bischöfe [21]) benommen hatte; und nachdem er einmal solcher Nutzanwendungen auf die Gegenwart sich nicht zu entschlagen vermochte, konnte es ihm leicht begegnen, dass er die Verhältnisse des vierten Jahrhunderts, welches in keinem anderen Adel als in dem kirchenfürstlichen eine auch Kaiser und Könige zwingende Macht erblickte, auf die altjüdische Geschichte übertrug, und nun die *principes* mit den *sacerdotes* zusammenfallen liess.

Jedoch nicht bloss in solcher tendenziösen Wendung des Vortrags äussert er seinen Unwillen; er hat es sich auch gestattet, den sonst rasch dahineilenden Erzählerschritt durch längere Einschaltungen zu hemmen, sobald er für Invective gegen die Bischöfe einen passenden Anlass fand. An der Thatsache, dass bei Vertheilung des palästinensischen Bodens unter die jüdischen Stämme den Leviten keine eigene Mark angewiesen ward, 'kann er nicht schweigend vorübergehen, sondern er möchte sie den Dienern der Kirchen nachdrücklich zur Beachtung empfehlen

---

[20]) II, 45, 4: *iisdem (principibus) cogentibus in lacum immensi profundi coenoque ac sordibus atque ex eo exitiabili foetore horridum demissus est, ut ne simplici quidem morte exspiraret* (= Sall. Hist. fr. I, 25 Gerl. *ut per singula membra exspiraret*; vgl. Suet. Caes. 74 und Curt. VIII, 7 *ne simplici quidem morte defunctus est*).

[21]) Severus und seine Zeitgenossen gebrauchen *sacerdos* und *episcopus* als gleichbedeutend. Man kann fast keine Seite in den späteren Theilen der Chronik lesen ohne Belege dafür zu finden. Zum Ueberfluss sei auf die Stelle in Anm. 11 verwiesen.

(*equidem hoc exemplum non tacitus praeterierim legendumque ministris ecclesiarum libenter ingesserim I, 23, 5)*. Und er thut dies in einer Scheltrede [17]) gegen die verschiedenen Erwerbszweige der Geistlichen, die mit sallustischen Kraftwörtern gespickt und so ausgedehnt ist dass ihre Länge durch eine ebenfalls dem Sallust entlehnte Formel entschuldigt werden muss. Nach derselben Seite gerichtet, aber weniger scheltend und daher sachlich ergiebiger ist eine andere Abschweifung in dem, von Gibbon (*ch.* 21 n. 76) nach Verdienst als 'sehr elegant' belobten, Bericht über die Synode von Rimini, welche der arianisch gesinnte Kaiser Constantius i. J. 359 veranstaltete. Der Kaiser hatte befohlen, dass den vierhundert und etlichen Bischöfen, deren Anwesenheit zum Theil erzwungen [18]) werden musste, Diäten aus fiscalischen Mitteln verabreicht werden sollten. Diese Gewährung wurde jedoch als eine verfängliche von den nichtarianischen, französischen und britannischen Bischöfen zurückgewiesen; sie wollten lieber auf eigene Kosten leben als sich in eine wenn auch nur zeitweilige Abhängigkeit von der Staatskasse begeben. Nur drei britannische Bischöfe besassen nicht Vermögen genug um den theuern Aufenthalt in der von Fremden überfüllten Stadt zu bestreiten; es sollte für sie durch gemeinsame Beiträge ihrer Amtsbrüder gesorgt werden; aber da sie nun doch einmal fremder Hilfe bedurften, zogen jene drei Briten, obgleich sie so wenig wie die übrigen arianisch waren, es vor, die kaiserlichen Diäten anzunehmen, 'weil sie es für würdevoller hielten wenn sie dem Fiscus als wenn sie Einzelnen beschwerlich fielen (*sanctius putantes fiscum gravare quam singulos*)'. In verkleinertem Maassstabe regt dieser Fall die vielverhandelte Frage an, ob es mit der Würde der Kirche sich vertrage, dass ihre Diener in dasselbe Verhältniss wie andere öffentliche Beamte zur Staatskasse treten, und diese principielle Seite der Sache veranlasst auch den Severus zu einer Unterbrechung des historischen Berichts durch beurtheilende Bemerkungen. Er habe vernommen — beginnt er (*II*, 41, 4) — dass ein aquitanischer Bischof Gavidius, wenn ihn das Gespräch auf die Synode von Rimini geführt, von dem Be-

---

[17]) *etenim praerepti huius non solum immemores sed etiam ignari mihi videntur; tanta hoc tempore animos eorum habendi cupido retuli tabes incessit* (= *Sall. Iug.* 32 *invasit vis avaritiae in animos eorum retuli tabes immortui*); *inhiant possessionibus* (Grundbesitz), *praedia escolunt* (als Pächter), *auro incubant* (= *Virg. Georg.* II, 507 *defossoque incubat auro*), *emunt vendunique, quaestui per omnia student. At ei qui melioris propositi videntur neque possidentes neque negotiantes, quod est multo turpius, sedentes munera exspectant* (erinnert an die Worte des Gaius Gracchus über die schweigenden Redner, bei Gellius *N. A.* XI, 10), *atque omne vitae decus mercede corruptum habent, dum quasi venalem praeferunt sanctitatem. Sed longus quam volui egressus sum, dum me temporum nostrorum piget taedetque. Ad inceptum redeo* (= *Sall. Iug.* 4 *rerum ego liberius altiusque processi dum me civitatis morum piget taedetque; nunc ad inceptum redeo*).

[18]) II, 41, 2: *missis per Illyricum, Italiam, Africam, Hispanias magistri* (so der Vaticanus statt *magistris*) *officialibus arcili aut macti quadringenti et aliquanto amplius* (s. Gothofredus zu Philostorgius IV, 10) *occidentales episcopi Ariminum convenire* (so der Vaticanus statt *contenere*), *quibus omnibus annonas et cellaria dari* (so Sigonius statt *dare*) *Imperator praeceperat*. Statt des übereinstimmend bei Flacius und im Vaticanus vorfindlichen *aut macti* ist in den Interpolirten Ausgaben, mit einer über das gewöhnliche Maass hinausgehenden Unverschämtheit, *numeratique* oder gar noch verkehrter *numeratine* gesetzt, das auch bei Vorstius steht. Sigonius schrieb *macti* um in *coacti*, dem Sinn nach gewiss richtig, aber ohne diplomatische Probabilität. Petrus Faber (*Semestr. III*, 12) setzte den Sinn aus den Augen um den Schriftzügen nahe zu bleiben, und schrieb *inacti*. De Prato weiss sich nicht zu helfen und behält das sinnlose *macti* im Text. Man genügt wohl allen Anforderungen, wenn man sich erinnert (s. Lachmann zu Lucretius *I*, 657), dass in der Majuskelschrift *M* mit *AD* fast zusammenfällt, und hiernach *arciti aut macti* bessert in *arciti aut adacti*. — Ueber *annonae et cellaria* hat mit Bezug auf unsere Stelle Gothofredus zu *Cod. Theod.* 1, 10, 3 gehandelt und dort auch schon die jetzt durch den Vaticanus bestätigte Besserung *magistri* gemacht.

Synode zu Rimini

nehmen jener drei Briten fast in vorwurfsvollem Tone zu reden pflegte. 'Ich selbst jedoch — führt dann Severus [20]) fort — neige mich zu einer sehr verschiedenen Auffassung und rechne es jenen Dreien zum Lobe, dass sie, obwohl Bischöfe, doch zu arm waren um über eigenes Vermögen verfügen zu können und dass sie, statt von Anderen, lieber etwas vom Fiscus nehmen wollten, wobei sie Niemandem beschwerlich fielen'. Dieses dreien Bischöfen wegen ihrer Armuth gespendete Lob giebt, da es einen nur zu verständlichen Tadel der übrigen nicht armen einschliesst, den besten Aufschluss über den Begriff, den Severus von bischöflicher Würde und Tugend sich gebildet hatte. Schon der Besitz an sich, gleichviel auf welche Art er erworben ward, missfällt ihm an einem Bischof; wie sein Lehrer Martinus die asketische Entsagung auch auf dem episcopalen Thronos fortsetzte, so, wünschte Severus, möchten alle Bischöfe leben; ehe er sie in die verweltlichende Berührung mit eigenem Geld und Gut bringt, will er lieber, obgleich er übrigens die klericale Unabhängigkeit auf das Eifrigste verficht (s. oben Anm. 17), bei unabweislichem Geldbedürfniss aus dem Fiscus schöpfen, sollte derselbe auch zufällig unter arianischer Verwaltung stehen. Eine derartige Ansicht ist gewiss von der weltkundigen Mehrzahl der damaligen gallischen Geistlichkeit als unpraktische Mönchseinfalt belächelt und beseitigt worden; Niemand wird ihr jedoch Geringschätzung des geistlichen Amts vorwerfen dürfen, für welches vielmehr, hier wie überall, Severus sich von der tiefsten Verehrung erfüllt zeigt. Nur gegen Würdenträger, deren Auftreten seinem eigenen Begriff von der Hoheit ihrer Würde nicht zu entsprechen schien, erhebt sich sein Zorn.

Nicht so streng jedoch scheidet er das Amt von dem Beamten wenn er über weltliche Herrscher sich auszusprechen hat. Bei der nahen und durch die kirchlichen Wirren stets frisch erhaltenen Erinnerung an das Verfahren der Kaiser Gratianus und Maximus in der Priscillianistensache muss man es allerdings natürlich finden, dass er Uebergriffe jüdischer Könige in das priesterliche Gebiet immer mit einer warnenden Hervorhebung der daraus entstandenen Folgen begleitet. Liegen diese in der biblischen Erzählung selbst schon abschreckend genug zu Tage, wie bei dem König Usiah (2. *Paralip.* 26, 16), der während er am Altar das Rauchfass schwang vom Aussatz befallen ward, so begnügt sich Severus mit treuer Wiedergabe, und findet es höchstens noch nöthig in einem hinzugethanen Sätzchen ausdrücklich zu sagen, dass der König 'sich Unerlaubtes angemasst habe (*illicita praesumens I*, 47, 4)'. Dagegen bei einem andern Fall, wo Saul ohne Samuels Ankunft abzuwarten die Opfer darbringt (1. *Sam.* 13), gestattet er sich seinem Zwecke zu Liebe schon einige Freiheiten mehr. Die auch dort gegebene Belehrung, dass der König 'in unerlaubter Anmaassung gehandelt habe (*illicita praesumtione I*, 33, 4)', sollte durch den Nachweis härterer Strafen verstärkt werden als sie dem Severus zu liegen schienen in der zürnenden Rede

---

[20]) Die in ihrem letzten Theil verderbte Stelle lautet in allem Wesentlichen übereinstimmend bei Flacius und im Vaticanus: *sed longe aliter senserim, laudique attribuo, episcopos* (so der Vaticanus statt *episcopi*) *tam pauperes fuisse ut nihil proprium haberent neque ab aliis potius quam fisco numerent ubi neminem gravabant. ibi in utrinsque egregium exemplum. De reliquis nihil memoria dignum traditur. Sed redeo ad ordinem.* Die unverständlichen Worte *ibi in utrinsque egregium exemplum* überzeugend zu bessern ist weder dem Sigonius noch den übrigen Herausgebern gelungen, und man wird wohl der Annahme einer Lücke nicht entrathen können; sie scheint nach *gravabant* zu beginnen und ausser Anderem auch ein Wort wie *voluisse* verschlungen zu haben, welches sich auf *numere* bezog; denn das jetzt dastehende *numerent* ist logisch unmöglich.

Samuels und in dem bloss für eine ferne Zukunft angedrohten Thronverlust, auf welche die Bibel sich beschränkt; augenblicklich und handgreiflich, durch politisches und militärisches Missgeschick sollte der König büssen, welcher den Priester — denn einen solchen sieht Severus (*I*, 32, 1) in dem Leviten Samuel — verletzt hatte. Ohne dass die leiseste Andeutung dafür im Wortlaut oder Gang der biblischen Erzählung zu finden ist, lässt daher Severus das ganze, gegen die Philister zu Felde liegende israelitische Heer 'in Folge des königlichen Vergehens von Furcht ergriffen werden (*ex delicto regis metus omnem exercitum pervaserat I*, 33, 5), so dass trotz der Nähe des feindlichen Lagers Niemand eine Schlacht wagen mochte'. Freilich kommt dann nachträglich noch der in der Bibel für das Hinausschieben der Schlacht allein angegebene Grund zur Sprache, der Waffenmangel nämlich, welcher im israelitischen Heere herrschte, weil die siegreichen Philister beim letzten Friedensvertrage die Einstellung aller Eisenarbeiten erzwungen hatten. Aber dieses materielle Verhältniss wird in der Darstellung des Severus zu einem blossen Nebengrund herabgedrückt; als eigentlichen Quell der Verzagtheit hebt er abermals die 'Entmannung [a]) der Gemüther' hervor, welche aus dem Glauben entsprang, dass 'Gott zur Strafe für die Sünde des Königs sich von ihnen abgewendet habe'. — Noch grösserer Freiheiten aber und einer weit kühneren Sprache als bei solchen Eingriffen jüdischer Könige in geistliche Rechte bedient sich Severus überall wo er heidnische Könige auf Anmassung göttlicher Ehren betreffen kann. Mit sichtlicher Vorliebe sucht er dergleichen Blasphemien aus den biblischen Erzählungen herauszudeuten, um Gelegenheit zu derben Anspielungen auf die ähnlichen Ausschreitungen der römischen Kaiser zu gewinnen. Wem König Nebukadnezar das goldene Standbild in der Ebene Dura errichtet habe, sagt der biblische Text (*Dan.* 3) nicht deutlich; dem Severus gilt es für ausgemacht, dass der König, 'hoffärtig geworden durch sein Glück, sich selbst eine colossale goldene Statue gesetzt und sie als ein heiliges Bild durch Adoration zu verehren befohlen habe (*statuam sibi auream immensae magnitudinis posuit adorarique eam ut sacram effigiem praecepit II*, 5, 1)'; allgemein habe man, da 'Kriecherei alle Gemüther verdorben (*depravatis adulatione omnium animis*)', gewetteifert, dem königlichen Befehle nachzukommen; nur die drei jüdischen Männer hätten sich des lästerlichen Dienstes (*profano officio*) geweigert, wohl wissend, dass eine solche Verehrung Gott allein gebühre; sie hätten lieber den

---

[a]) *I*, 33, 5: *nam praeter imbecillitatem animorum, qui alienum a se Dominum delicto regis arbitrabantur, in maxima ferramentorum inopia exercitus erat adeo ut praeter Saul et Ionathram filium eius nemo gladium aut lanceam habuisse traderetur. Nam Allophyli* (das von den Septuaginta entlehnte Wort für Philister), *superiores* (so längst verbessert statt *superiores*) *bello victores, coliis* (das Wort *coliis* füge ich hinzu nach 1. Sam. 13, 20) *suum Hebraeis ademerant, neque cuiquam conficiendi teli bellici aut rustici ferramenti potestas fuerat.* — Jetzt, nachdem Niebuhr die Nachricht bei Plinius *II. N. XXXIV* § 139 über die den Römern von Porsenna auferlegten ähnlichen Vertragsbestimmungen geschichtlich verwerthet hat, muss jedem Philologen, der diese Stelle im Severus oder in der Bibel liest, die Parallele beifallen. Die plinianische Notiz war Niebuhr'n anfänglich bei seinen Studien entgangen; er verdankte ihre Kenntniss zunächst dem Micali, fand sie dann schon bei Beaufort ausgebeutet, wie er R. G. 1. Ausg. I, 352 erzählt, und hat diesem Franzosen das Verdienst der Entdeckung schliesslich (letzte Ausg. I, Anm. 1216) zugeschrieben. Es wird daher von Interesse sein zu erfahren, dass bereits ein Jahrhundert vor Beaufort der immer noch mehr gepriesene als gelesene Hugo Grotius die Nachricht bei Plinius herausgefunden und nach ihrer geschichtlichen Bedeutung gewürdigt hatte in folgender Anmerkung eben zu dem fraglichen Verse des Buches Samuel: *Caverant enim Philistiim ne forte fecerent Hebraei gladium aut lanceam*} *Extorto foedere, cui non dissimile les quam Porsena in foedere cum Romanis pauit, ne ferro nisi in agricultura uterentur. Tacent id Historici ut pudendum victori pusi as gentium populo; at Plinius ingenue fatetur lib 34.*

24

Flammentod sterben als die befohlene Todsünde begehen (*piaculum committere*) wollen. Um den Eindruck zu ermessen, welchen die so gewendete und durch solche Schlaglichter beleuchtete Erzählung auf die gleichzeitigen Leser des Severus machen musste [41]), braucht man sich nur zu erinnern, dass damals und noch eine geraume Weile später bei jeder grösseren öffentlichen Feier den Statuen und Portraits (*labrata*) der römischen Kaiser die hier zur Ausgeburt der Kriecherei und zu lästerlicher Todsünde gestempelte Adoration geleistet ward, von den Beamten als unweigerliche Amtspflicht, und von Privatleuten als Beweis der Loyalität, der ohne übles Aufsehen nicht unterbleiben konnte. Erst im Jahre 425, also mehr als zwanzig Jahre nach der Abfassung der Severischen Chronik, hat Kaiser Theodosius II. in einem eigens erlassenen Gesetz auf die Verehrung seiner Statuen durch Adoration verzichtet, und gerade im Jahr 403, d. h. in dem Jahre da Severus seine Chronik beendigte (s. oben Anm. 4), diente des Johannes Chrysostomus Predigt gegen die Verehrung einer neugeweihten Statue der Kaiserin Eudoxia seinen Widersachern zum Vorwand, um ihn als Hochverräther in die zweite Verbannung zu senden, aus welcher er nicht heimgekehrt ist. — Recht als sollte auch des flüchtigsten Lesers Blick auf diese, wie eben des Chrysostomus Beispiel zeigt, unter Umständen so gefährlichen Dinge geheftet werden, hat Severus bald darauf, ebenfalls in der Analyse des Buches Daniel, eine abermalige Gelegenheit zu Angriffen auf die vergötterten Weltherrscher mit noch weiterer Abweichung von dem biblischen Buchstaben sich geschaffen und mit noch rücksichtsloserem Freimuth benutzt. Die medischen Hofleute, erzählt die Bibel, wollten des Daniel regelmässige Morgen- und Abendandacht zu seinem Verderben ausbeuten, und erzwingen von König Darius ein Gesetz, dass 'wer in den nächsten dreissig Tagen von welchem Gotte oder Menschen es sei etwas erbitte ausser von dem Könige, in die Löwengrube geworfen werde (*Dan.* 6. 8)'. Diese negative Bestimmung verwandelt nun Severus [42]) erstlich in die positive, dass 'für die nächsten dreissig Tage dem Könige göttliche Ehren zu erweisen seien', und während nach der biblischen Erzählung Darius eher widerwillig den ohne sein Zuthun gefassten Beschluss der Räthe bloss unterschreibt, sagt Severus: 'Den durch Schmeichelei verdorbenen Darius dafür zu gewinnen, konnte nicht schwer fallen, bei der Thorheit aller Könige, die Göttliches für sich ansprechen (*stultitia regum omnium qui sibi divina vindicant*)'.

Statuen der Kaiser.
[41]) Wie unvermeidlich die Nutzanwendung auf die kaiserlichen Statuen war, zeigt Hieronymus, der ebenfalls (vgl. *Tanefeld* zu *Tr. Pesachim* 53 b) den babylonischen König sein eigenes Bild zur Adoration aufstellen lässt und dann zu *Dan.* 3, 18 (*Vol.* 5 p. 618 Vall.) sagt: *sive statuam, ut Symmachus, sive imaginem auream, ut ceteri transtulerunt, voluerimus legere, cultores Dei eam adorare non debent. Ergo indices et principes saeculi, qui Imperatorum statuas adorant et imagines, hoc se facere intelligant quod tres pueri facere nolentes placuerunt Deo.* Aber wie zahm klingen diese L'mehwürfe 'sie thun Etwas durch dessen Unterlassung die drei Männer gottgefällig waren' im Vergleich mit der ungescheuten Derbheit des Severus. Hieronymus hielt sich, als er den Commentar zu Daniel verfasste, schon lange im *regionus suetus Orieus* auf. — Das Gesetz des Theodosius II. steht *Cod. Theod.* 15, 4, zu welchem, und noch an zwei andern Orten (*Cod. Theod.* 8, 11, 5; *Philostorg. II,* 18), Gothofredus den Cultus der kaiserlichen Statuen und Bilder erörtert hat. — Die Belege für das den Chrysostomus angehende Factum giebt Tillemont *Hist. des Emp. Arcade* s. 403, § 5 p. 915 der Octavausg. — Weshalb ich den lateinischen Ausdruck Adoration beibehalten musste, braucht kundigen Lesern nicht erst gesagt zu werden.

[42]) *II*, 7, 1: *regem depravatum adulatione compellunt ut sibi diebus proximis triginta divini honores darentur neque cuiquam liceret deum (so De Prato statt dominum) nisi regem precari.* Die Construction von *compellere* ist ein wenig frei, wie auch *II,* 38, 4 *Imperatorem eo usque compellunt, ut Athanasius erularetur ad Gallias mitteretur.* Mit der Relation von *sibi* nimmt es Severus ebenfalls nicht genau.

25

Unter den früheren römischen Imperatoren hätten freilich auch Ausdrücke von so allumfassender Ehrenrührigkeit immer noch durchschlüpfen können, wenn sie auf *reges* bezogen waren. Denn alsdann brauchte man die Kaiser nicht nothwendig mitzumeinen, da diese sich des königlichen Namens noch von der Vertreibung der Tarquinier her erwehrten und ihn ihren Klienten, den orientalischen Kleinkönigen, oder dem barbarischen Grosskönig der Parther überliessen — ein ähnliches Verhältniss, wie es nach der Völkerwanderung wiederum bestand zwischen dem griechischen Kaiser, welcher den Titel *Imperator* oder den von früh an gleichwiegenden Βασιλεύς für sich allein in Anspruch nahm, die gothischen und fränkischen Könige dagegen, ja sogar die deutschen Kaiser in lateinischer sowohl wie in griechischer Schrift nur *Reges* und 'Ρῆγες[44]) nannte. Zwischen diesen beiden Perioden liegt jedoch das Zeitalter des Severus, d. h. die zweite Hälfte des vierten und der Anfang des fünften Jahrhunderts, gerade in der Mitte. Die Sassaniden und die anderen orientalischen Könige waren seit der Gründung Constantinopels und der Spaltung des Reichs dem Gesichtskreis des Abendlandes gänzlich entrückt; die Germanen und die übrigen Stämme der Völkerwanderung hatten noch keine Staaten auf römischem Boden gegründet; man kannte im gebildeten Europa keine anderen Herrscher als die römischen; diese hatten seit Diocletianus sogar das äussere Abzeichen des Königthums, die weisse Kopfbinde, in ihren Ornat aufgenommen; und wenngleich sie amtlich noch immer den Titel Imperator führten, so fehlte doch für den täglichen Verkehr des Sprechens und Schreibens jeder Anlass zu einer Unterscheidung jenes viersilbigen Wortes von dem bequemeren, einsilbigen Rex. Severus überlässt es daher auch, wenn er Kaiser seiner Zeit, z. B. Constantius, Valentinianus I., Maximus, zu erwähnen hat, durchaus dem Belieben seiner Feder ob sie *Imperatores* heissen sollen oder *Reges*; manchmal[44]) tritt der Wechsel in zwei nahe auf einander folgenden, ja sogar in einem und demselben Satze ein. Ihm also war die Ausflucht benommen, dass er in *stultitia regum omnium* die Inhaber des römischen Thrones nicht einschliesse; und nachdem es sich einmal herausgestellt hat dass für seinen und seiner Zeit Sprachgebrauch die Scheidewand zwischen Kaiser und König gefallen war, so erhalten auch diejenigen

---

[44]) Diese Regel des byzantinischen Kanzleistyls bespricht mit redseliger Heftigkeit der Geschichtschreiber der Comnenen Cinnamus V, 7 p. 218 B. unter Beziehung auf sein Vorbild Prokopius, der bell. Goth. I, 1 p. 10 R. zuerst das Verhältniss der beiden Titel bei Gelegenheit Theoderichs des Grossen erwähnt. Andere Nachweisungen für die byzantinische Zeit giebt am vollständigsten Reiske zu Const. Porphyr. p. 813. — Die sehr wenigen Stellen, in welchen *rex* von älteren römischen Kaisern vorzukommen scheinen könnte, hat Marklandt zu Statius Sylv. IV, 1, 46 auf überzeugende Weise erledigt. — Dass *regina* für Kaiserin früher in festem Gebrauch kam als *rex* für Kaiser, ist durch Lindenbrog zu Ammian. XV, 2, 8 erwiesen und auch für Severus Dial. II, 6 zu beachten. — Die am Hofe Ludwigs XIV. so oft missbrauchten Verse des Claudianus Cons. Stil. 113 Fallitur egregio quisquis sub principe credit Servitium; numquam libertas gratior exstat Quam sub rege pio sind i. J. 400, also gleichzeitig mit Severus' Chronik geschrieben. In moderne Sprachen übersetzt klingen sie matt, weil die Antithese zwischen *pius* und *rex* nur dem römischen Ohr vernehmbar wird, welchem sie in einem officiellen Gedicht, wie dies claudianische ist, nicht unmittelbar geboten werden konnte; daher eben sich der Dichter den Weg durch *egregius princeps* im ersten Verse.

[44]) Von Constantius heisst es II, 28, 6 in einem und demselben Satze paucis qui circa regem erant metu trepidis, imperatore anxio, primus (Valens) nuntius hostes fugere. — Von Valentinianus I. handelt die heitere Geschichte Dial. II, 5 und da steht § 8 unter anderem zu lesen: donec regium vellum ignis aspirat ipsumque regem ex parte corporis quae sedebat adflavit incendium. — Für Maximus bieten Chron. II, 50 und Dial. III, 11 Beispiele in Fülle von *rex* neben *imperator*. Die stylistische Nüance ist ungefähr wie zwischen 'der König' und 'Ur. Majestät'. — Dafür dass der Gebrauch nicht dem Severus eigenthümlich sondern bei den gleichzeitigen Schriftstellern durchstehend ist, genügt die Verweisung auf Ballerini zu Zenonis serm. p. 12 ed. Aug.

4

Sätze eine bedenkliche Tragweite, in welchen er sich über das Königthum als solches im Gegensatz zu einer nichtköniglichen Verfassung äussert. Er benutzt dazu die Einsetzung des Königs Saul, wie sie das achte Capitel des ersten Buches Samuel schildert, jenes Capitel, das im siebzehnten Jahrhundert und noch gegen Ende des achtzehnten während der amerikanischen Revolution so oft zu biblischer Verbrämung der politischen Controverse hat dienen müssen. Severus schaltet hier noch ungebundener als in den vorhin erwähnten Beispielen mit dem biblischen Buchstaben; nur den Gesammteindruck, den er empfangen, giebt er in kurzen, schneidenden Sätzen wieder, die von dem 'Wahnwitz' des königssüchtigen und seines Gottes überdrüssigen Volks, von dem Abstand zwischen 'Knechtschaft' und 'Freiheit' in Ausdrücken reden, welche der grellsten Phraseologie des republicanischen Roms entlehnt sind und daher passender im lateinischen Original als in einer nothwendig abschwächenden Uebersetzung mitgetheilt werden: *Hostili metu remoto* — beginnt er *I*, 32, 3. ohne zu beachten dass die von den Philistern drohende Gefahr keineswegs dauernd beseitigt und ein Krieg mit den Ammonitern im Anzug war — *secundis tranquillisque rebus, corruptis consiliis, more vulgi, cui praesentia fastidio, insueta desiderio sunt, regium nomen cunctis fere liberis gentibus semper incisum populus desiderabat planeque insigni*[44]) *exemplo amentiae praeoptabat libertatem servitio mutare. Igitur frequentes Samuelem circumsistunt, ut, quod iam ipse sensuisset, regem eis constitueret. At ille placide salubri oratione ab insana voluntate detorquere plebem, dominationem regiam et superba imperia exponere, libertatem extollere, servitutem detestari, postremo divinam eis iram denuntiare, si quidem homines mente corrupti Deum regem habentes regem sibi ex hominibus flagitarent. His atque aliis istiusmodi frustra dictis cum populus in sententia perseveraret, Dominum consulit. Qui permotus recordia insanae gentis nihil adversum se petentibus negandum respondit.* Wie erfreut war Milton als er ein so hitziges republicanisches Glaubensbekenntniss bei einem alten Kirchenschriftsteller fand; er hat den Worten des Severus einen hervorragenden Platz in seiner 'Vertheidigungsschrift'[45]) für das englische Volk' angewiesen, weil sie, wie er sagt, die allgemeine Ansicht der alten Patres über jenes biblische Capitel wiedergeben. Aber der grosse Dichter würde wohl in arge Verlegenheit gekommen sein, wenn ihn seine politischen Gegner gedrängt hätten, 'die Vielen' namhaft zu machen, als deren Vertreter der Eine Severus gelten soll. Vielmehr nimmt Severus

---

Sigonius und Spittler

[44]) So schreibe ich statt des verderbten *planeque von sine exemplo*. — Die klassische Bedeutung von *dominatio regia et superbia imperia* (τυραννὶς βασιλικὴ καὶ ὑβρισμὰ ἐπιτάγματα) tritt klar heraus in der offenbar dem Severus vorschwebenden Stelle des Sallust *Cat.* G *ubi regium imperium* . . . *in superbiam dominationemque se convertit*. — Die Verhandlung, welche zwischen Sigonius und seinem Censor (s. den Anhang) über diese Stelle geführt wurde, ist für die Geschichte der politischen Meinungen im sechzehnten Jahrhundert nicht ohne Interesse. — Gar verhängnissvoll tritt auch der Einfluss des samuelischen Capitels auf staatsrechtliche Theorien hervor in Wandalln's Buch *Iuris regii* . . . *solutissimi . . luculenter asserti Liber primus. De Iure regio Israelitici a Samuele L. I c. VIII descripto, Harniae* 1663, welches für das dänische Staatsrecht, wie dasselbe durch die *lex regia* von 1600 sich fixirte, klassisch geworden ist. Einen ausführlichen Abriss dieser Schrift zu geben hat Spittler nicht verschmäht (am Ende seiner 'Geschichte der dänischen Revolution im Jahr 1660'.)

Milton

[45]) c. 2 p. 50 der Londoner Ausg. von 1651: *Sic* (dass בְּעָם, I *Sam.* 8, 11, *ratio tyrannis* bedeute) *etiam patres antiqui hunc locum exposuerunt; unus mihi erit multorum instar, Sulpitius Severus, Hieronymi aequalis eique chorus, et Augustini iudicio vir doctrina et sapientia pollens. Is in historia sacra etc. Dass Severus dem Hieronymus 'theuer' war, schliesst Milton aus der Erwähnung im Commentar zu Ezechiel* (c. 36 *Vol.* 5 p. 422 *Vall.*): *Severus noster*. In Betreff des Augustinus jedoch hat er sich durch die den älteren Ausgaben des Severus vorgesetzten *Testimonia* irre leiten lassen.

sowohl in seinem Urtheil über Monarchie wie in der ungemessenen Heftigkeit, mit der er es ausspricht, eine Sonderstellung ein, die nur durch ein Zusammentreffen der ungewöhnlichsten Zeit-, Ort- und Personenverhältnisse erklärlich wird. Nur während der Regierung eines Minderjährigen wie Honorius war, der an dem Vandalen Stilicho nicht seinen Minister oder Vormund sondern seinen Hausmeier hatte, nur in einer Provinz wie Gallien, die von jeher nach Selbständigkeit strebend erst vor Kurzem zweimal, unter Maximus und unter Arbogastus, ihre Heere über die Alpen gegen Italien gesandt hatte, nur in einem Jahrhundert wie das fünfte, dessen erstes Jahrzehend schon die Einnahme der römischen Hauptstadt durch Alarich sah, konnte die Geringschätzung, welcher der römische Monarch und die römische Monarchie seit lange verfallen waren, sich in solchen Angriffen gegen Monarchie überhaupt Luft machen, wie Severus sie ungestraft gewagt hat. Entsprungen aber war diese Schwächung der Autorität aus der immer deutlicher hervortretenden Unfähigkeit des römischen Kaiserthums, seiner politischen Aufgabe zu genügen. Denn das römische Kaiserthum war allerdings der Friede. Aus dem Bedürfniss inneren Friedens war es nach den Bürgerkriegen entstanden, und die Sicherung des äusseren Friedens gegen die barbarischen Stämme war das Entgelt, welches die civilisirten Völker unabweisbar forderten für alle Opfer an Gut und Blut und Freiheit, die sie der römischen Herrschaft gebracht hatten und fort und fort brachten. Unter den langen Regierungen der Julier und Aurelier war nun auch die 'Majestät des römischen Friedens (*Romanae pacis maiestas*, Plin. *H. N.* XXVII § 3)' gleichbedeutend geworden mit der Majestät des römischen Reichs, und dieses ungestörte Friedensgefühl hatte der Vorstellung von der unerschütterlichen Ewigkeit der römischen Macht diejenige Stärke verliehen, ohne welche die 'Stadt' nimmer über den Erdkreis hätte ihre Gewalt erstrecken können. Als aber der Friede nach beiden Seiten dauernd gefährdet erschien, als stets von Neuem aufstehende Kronprätendenten die Reihe der Bürgerkriege wieder eröffneten, als ferner nach der Gründung von Constantinopel das seit den Tagen von Zama und Pydna nicht erlebte Schauspiel wieder gegeben war von einem politischen Antagonismus zwischen zwei souveränen Grossstaaten innerhalb der civilisirten Welt, und als zu diesem allen hinzutretend das immer lautere Getöse der nordischen Völkerwogen die Gemüther der Provinzialen verstörte — da schwand mit dem Genuss des römischen Friedens auch der Glaube an Rom und seine Ewigkeit, und mit dem Glauben schwand die Furcht wie die Achtung. Selbst dichterisch gestimmte Nachzügler des Heidenthums, wie Rutilius Namatianus (*I*, 137), wagten es nicht länger, die altgeweihte Formel von der 'Ewigkeit Roms' im Sinne einer unerschütterten Dauer zu gebrauchen, sondern wollten sich darunter die Kraft der Weltstadt denken, aus dem Tode einst wieder zum Leben zu erstehen. Die Bibelleser aber schlugen das Buch Daniel auf und meinten, die 'ewige Roma' sei dort anschaulich geschildert in dem Koloss mit den thönernen Füssen, und von dem Felsen sei bereits der 'Stein' gebrochen, an dessen Stoss der Wunderbau so vieler Jahrhunderte zerschellen werde. Und unter Allen, welche sich in jenen Tagen die Traumgesichte des babylonischen Königs (*Dan.* 2) zu deuten

---

Dort wird nämlich aus dem längst als spätes Machwerk erkannten Brief *de laudibus Hieronymi* (s. *Hier.* op. *Vol.* II par. 1 p. 413 *Vall.*) jener dem Severus angehende Lobspruch als von Augustinus herrührend aufgeführt. In den echten Schriften des Augustinus wird Severus nicht genannt.

4*

versuchten, hat sie wohl Niemand auf das römische Imperium mit solcher Kühnheit [47]) in öffentlicher Schrift angewandt und dabei einen so sichern Blick für die eben hervorgehobenen politischen Hauptmomente bewährt, wie Severus in folgenden, wegen ihrer geschichtlichen Bedeutsamkeit wörtlich mitzutheilenden Sätzen: 'Die eisernen Schenkel sind das vierte Reich (*Dan.* 2, 40); darunter 'giebt das römische sich zu erkennen, bei weitem das stärkste im Vergleich zu allen vorangegan'genen Herrschaften. Die Füsse jedoch, welche theils eisern, theils thönern sind (*Dan.* 2, 41), geben 'die Vorbedeutung von einer derartigen Theilung der römischen Herrschaft, dass sie nie wieder 'eins werden könne; und dies hat sich gleichfalls erfüllt. Wird doch der römische Staat schon 'nicht länger von Einem Kaiser, sondern sogar von mehr als zweien regiert, und zwar von solchen, 'die fortwährend sich bekämpfen, sei es mit Waffen oder mit Politik. Endlich wenn die Thon'scherben und das Eisen unter einander gemischt werden, ohne dass je die Stoffe sich verbinden '(*Dan.* 2, 43), so sind damit die Mischungen des Menschengeschlechts bei fortdauernder Abneigung 'gegen einander angedeutet. Ist es doch offenkundig, dass der römische Boden von ausländischen 'Stämmen entweder, nachdem sie zum Kriege sich erhoben, besetzt, oder, nachdem sie in einem 'Scheinfrieden sich unterworfen haben, ihnen überwiesen worden, und sehen wir doch, wie bar'barische Völker . . . . . in unseren Heeren, Städten und Landschaften mit uns vermischt leben, 'ohne dass sie darum in unsere Sitten sich fügen' [48]).

Denunciationen gegen Hieronymus.
[47]) Dass Verkündigungen des Untergangs von einer schwachen Regierung strenger beaufsichtigt und geahndet werden als von einer starken, liegt in der Natur der Sache und lässt sich gerade für unsere Danielstelle durch ein gleichzeitiges Beispiel erweisen. In Hieronymus' Commentar findet sich zu Dan. 2, 40 folgendes (*Vol.* 5 p. 614 *Vall.*): *Regnum autem quartum, quod perspicue pertinet ad Romanos, ferrum est, quod comminuit et domat omnia. Sed pedes eius et digiti ex parte sunt ferrei et ex parte sunt fictiles, quod hoc tempore manifestissime comprobatur. Sicut enim in principio nihil Romano imperio fortius et durius fuit, ita in fine rerum nihil imbecillius, quando et in bellis civilibus et adversum diversas nationes aliarum gentium barbararum indigemus auxilio.* Diese Worte sind, wie Vallarsi (*ibid. p. XIV*) nachweist, i. J. 407, also vier Jahre nach der Severschen Chronik und noch bei Lebzeiten des Stilicho, geschrieben. Kurz und vorsichtig, wie sie besonders neben den des Severus erscheinen müssen, konnten sie dennoch von den Widersachern des Hieronymus zu Denunciationen benutzt werden, deren schlimme Folgen nur durch den bald darauf eingetretenen Sturz des Stilicho verhindert wurden. Hieronymus erzählt dies selbst in der Vorrede zum elften Buch seines Jesaias-Commentars.

Untergang Roms.
[48]) Chron. II, 3, 5: *crura ferrum imperium quartum, idque Romanum intelligitur, omnibus ante regnis validioribus* (der Ablativ wie bei Arnobius adv. gent. II, 48 *omni vero verisimum ad certaque certioniorum); pedes vero partim ferri partim fictiles dividendum esse Romanum regnum ita ut nunquam inter se coeat praefiguravit; quod aeque impletum est, siquidem iam non ab uno imperatore sed etiam a pluribus semperque inter se armis aut studiis dissentientibus res Romana administretur* (so der Vaticanus statt *administratur). Denique quod commiscentur* (so schreibe ich statt *denique commiscerī) testam atque ferrum nunquam inter se coeunte materia* (so schreibe ich statt *coeuntem materiam), commistiones humani generis futuras a se invicem dissidentes significarent; siquidem Romanum solum ab exteris gentibus aut rebellibus occupatum aut dedentibus se per pacis speciem* (so Sigonius statt *dedentibus semper paris specie) traditum constat* (so der Vaticanus statt *constet), exercitibusque nostris, urbibus atque provinciis permixtas barbaras nationes et praecipue Iudaeos inter nos degere nec tamen in mores nostros transire videamus* (dieser freilich unklassische Conjunctiv steht hier übereinstimmend bei Flacius und im Vaticanus, weshalb ich ihn auch in den früheren Fällen vom Vaticanus angenommen habe; vgl. Anm. 58). — Die Worte des letzten Satzes

Stellung der Juden
et praecipue Iudaeos habe ich aus der Uebersetzung fortgelassen, weil sie verderbt sind und ohne Kühnheit nicht verbessert werden können. Verderbt sind sie; denn erstlich waren die Juden seit vielen Jahrhunderten über das römische Reich hin verbreitet und Severus selbst hat dies *II, 30*), 8 bei Gelegenheit der Zerstörung Jerusalems durch Titus hervorgehoben; eine 'Vermischung' mit ihnen im fünften Jahrhundert konnte also unmöglich den Untergang des römischen Reichs in nahe Aussicht stellen. Zweitens legt Severus, wie auch Hieronymus (s. Anm. 47), offenbar das meiste Gewicht auf das Eindringen der Fremden in die römischen Heere, und darüber ist hinsichtlich der Juden für Severus' Zeit nichts bekannt, was von dem früher Ueblichen verschieden wäre und als Zeichen der Zukunft hätte auffallen können; das Gesetz des Honorius vom J. 418 (*Cod. Theod.* 16, 8, 24) lässt sogar das jüdische Element im römischen Heer auch

Jeder Leser dieser Worte wird erkennen dass Severus, obgleich er der Welt abgesagt hatte, doch nicht blos zu einsiedlerischer Andachtsübung das Studium der Bibel betrieb, sondern sich dabei den Blick offen und die Theilnahme warm erhielt für die grossen Bewegungen der Geschichte wie für die kleinen Streitigkeiten der Bischöfe. Mag er auch, um seine unmittelbare Gegenwart in dem Gottesbuch sich spiegeln zu lassen, den Spiegel bisweilen etwas naiv für diesen augenblicklichen Bedarf zurechtrücken — daran wollen wir uns nicht ärgern, da wir ja die Urschrift der Bibel zu unverfälschbarem Erbtheil besitzen und ihren wahren Sinn nicht von ihm und seinesgleichen zu lernen brauchen. Wir danken es ihm vielmehr dass er in eine Zeit, welche so wenige geschichtliche Nachrichten im Zusammenhang hinterlassen hat, uns durch sein indirektes Verfahren hie und da Einblicke eröffnet, wie sie aus den angeführten Beispielen gewonnen werden konnten. Ohne dass dieselben weiter gehäuft werden, haben sie wohl auch dem mit Severus sonsther nicht vertrauten Leser die Ueberzeugung verschafft, dass ein gewisser Hauch lebendiger Wirklichkeit, wie man ihn in Erläuterungsschriften zur Bibel nicht gar häufig spürt, die einzelnen Abschnitte dieser Chronik durchzieht; und es muss danach die Frage sich aufdrängen, ob eine Schrift, die im Besondern mit solcher Vorliebe auf die Zeitverhältnisse eingeht, nicht auch in ihrer gesammten Anlage, so weit diese eine eigenthümliche ist, durch Rücksichten auf die nächste zeitliche und örtliche Umgebung des Schriftstellers bedingt wurde? Die Eigenthümlichkeiten aber, welche dieses Werk mit keinem andern innerhalb der ecclesiastischen Litteratur theilt, sind erstlich die absichtliche Nachbildung des klassischen historischen Styls; und zweitens die Hervorhebung des rein geschichtlichen Bestandtheils des alten Testaments, unter Zurückdrängung des prophetischen Bestandtheils, mit sehr spärlichen Hindeutungen typischer und dogmatischer Art, und unter gänzlicher Ausschliessung der neutestamentlichen Ereignisse.

Was nun zuvörderst den klassischen Styl angeht, welcher dem Severus aus Joseph Scaliger's Munde den Lobspruch des 'lautersten unter den ecclesiastischen Schriftstellern (*Ecclesiasti-*

---

für den Anfang des Jahrhunderts nicht allzu bedeutend erscheinen. Diese Schwierigkeit hat auch Sigonius gefühlt. Zu ihrer Erledigung weiss er jedoch nichts vorzubringen als folgendes: *In exercitu Honorii contra Gothos durum Iudaeum fuisse proditum est*. Wo er dies gefunden, sagt Sigonius nicht. Bis ich eines Bessern belehrt werde, muss ich daher glauben, dass Sigonius sich durch den Namen des römischen Reiterführers in der Osterschlacht bei Pollentia (403) hat täuschen lassen. Dieser General hiess allerdings Saul, wenigstens wird er bei Orosius *VII,* 37 so genannt, aber darum war er doch ein — Alane und Heide. Die letztere Eigenschaft legt ihm Orosius ausdrücklich bei und die erstere ergiebt sich aus Claudianus *bell. Get.* 583. — Alles nun aber was auf die Juden nicht passt, passt vortrefflich auf die Gothen, sowohl Gothen. was ihre Verbreitung in römischen Ländern anlangt als ihr Eindringen in die ersten Stellen des römischen Heeres; ihre Ansiedelung in Thracien datirt erst aus der Zeit des Theodosius und seitdem war auch ihr Antheil an den Offizierstellen immer, und besonders unter Stilicho's Regiment, sehr bedeutend. Ich glaube daher, dass Severus wirklich *et praecipue Gothos* geschrieben hatte; dies in *Iudaeos* zu verderben, fühlten sich die Abschreiber vielleicht durch des Severus Bemerkung über die unvereinbare Verschiedenheit der Sitten veranlasst. Dass jedoch auch die Gothen unter römischer Oberherrlichkeit die heimathliche Sitte bewahrten und ihren eigenen Rechtsbrauch hatten, weiss jeder Geschichtskundige, und wie böse Befürchtungen diese Sonderstellung erweckte, zeigt recht deutlich die mit Severus' Chronik gleichzeitige Rede des Synesius περί βασιλείας. — Noch an einem andern Orte der Chronik haben die Abschreiber den ihnen geltenden Eigennamen eingeschwärzt. Bei Flacius und im Vaticanus heisst es übereinstimmend *II,* 7, 1 *exspiliati in Iudaeos*. namen. Das richtige *exspiliati invidia* hat bereits Giselinus erkannt. Welch unberechenbarer Misshandlung die Eigennamen überhaupt in unserer Chronik unterlagen, wird unten in der Umgebung von Anm. 83 hervortreten.

corum purissimus scriptor, Emend. temp. p. XXIV ed. tert.)' eingetragen hat, so merkt man freilich bald, dass ihm die römische Sprache nicht mehr in so freiem Ergusse aus der Feder fliesst, wie sie unter den Prosaikern wohl zum letzten Mal bei Lactantius erfreut, zur Entschädigung für dessen bedauerliche Gedankenarmuth, und wie sie in gebundener Rede noch ein Jahrhundert später bei einem Zeitgenossen des Severus, bei dem Alexandriner Claudianus, sich vereint findet mit dem Glanz einer griechischen Phantasie. Auf solche eigenkräftige Fülle des guten Ausdrucks darf man bei Severus nicht rechnen. Seine Klassicität ist eine abgelauschte; zwar recht fein abgelauscht, denn er hat seinen Vorbildern nicht die Schlagwörter nachgesprochen, sondern ihre leiseren Eigenheiten sich zu merken versucht. Aber bei nur einiger Bekanntschaft mit den klassischen Geschichtschreibern liest man doch fast keine Seite der Chronik ohne wahrzunehmen dass er hier diesen und dort jenen behorcht hat. Zugleich wird man jedoch eine kunstverständige Auswahl des für seinen Zweck Brauchbaren erkennen. An das archaistische Lexikon des Sallustius hat er sich nicht gewagt, dagegen will er sich von ihm die rasche Schwenkung in den Uebergängen, das straff über die Sache gespannte Wort gern aneignen; ebenso hat er vor der schallenden Rhetorik und der üppigen Malerei des Tacitus sich gehütet, während er das Einflechten kurzer psychologischer Winke in die Erzählung ihm abzulernen strebt. Manchmal hat er auch für die Bildung eiliger Uebergehungsformeln, deren er bei seiner compendienartigen Arbeit so oft bedurfte, den Vorrath des geistreichen Compendiumschreibers Velleius **) benutzt. Alle diese zuweilen recht wörtlichen Herübernahmen sind jedoch in einheitlichen Fluss gebracht, wie ja auch die genannten Klassiker im Wesentlichen einer und derselben stylistischen Schule angehören; und man würde sehr irren, wollte man den Severus in Eine Reihe stellen mit den eigentlichen Scribenten der Reminiscenz, z. B. mit Sidonius oder den meisten Neulateinern. Er ist weit entfernt von jeglicher Buntscheckigkeit, und gänzlich frei von dem noch schlimmeren und noch häufigeren Gebrechen der aus fremdem Munde Redenden, dass die erborgte Phrase den eigenen Gedanken knechte oder verzerre. Er sagt nie weniger und nie mehr als er sagen will; und es ist sehr fraglich ob die gleichzeitigen Leser, welche weder mit unseren philologischen Hilfsmitteln versehen noch zu mikroskopischer Imitationenjagd aufgelegt waren, überhaupt mehr von Nachahmung spüren konnten als sie der Absicht des Severus gemäss spüren sollten. Es sollte die biblische Geschichte in der Sprache der anerkanntesten römischen Historiker vorgetragen und demnach musste der Leser in

Benutzung des Velleius

**) Zu den Singularitäten, an welchen die Textesgeschichte des Velleius so reich ist, gehört bekanntlich auch diese, dass vor Priscian sein Werk weder von Grammatikern noch sonst erwähnt wird. Die Entlehnungen des Severus aus ihm erhalten daher ein ungewöhnliches Interesse, weil sie den Beweis liefern, dass der scheinbar verschollene Autor von den gallischen Schulen des vierten Jahrhunderts in den Kreis ihrer Lektüre gezogen war. Unverkennbar ist die Benutzung in folgenden Beispielen: *Chron. I*, 45, 3 (von den Wundern des Elisäus) *quae omnia notiora sunt quam ut stilo* (so der Vaticanus statt *si nostro stylo* des Flacius) *egeant* = *Vell. II*, 43, 3 (von den früheren Thaten Julius Cäsars) *quo notiora sunt minus egent stilo.* — *Chron. II*, 32, 6 *quae (martyrum passiones) connectendas* (s. Anm. 59) *non putavi, ne modum operis egrederer. I*, 28, 1 *nec enim suscepti operis modum custodientes, totam historiam persequimur. II*, 27, 3 *attingere non ausus, ne quid formae praecisi operis rerum dignitatibus diminueret* = *Vell. II*, 52, 2 *non recipit enarranda hic scripturae modus. II*, 66, 3 *cogit enim excedere propositi formam operis. I*, 16, 1 *cum haec particula operis edui formam propositi excesserit.* — *Chron. II*, 20, 5 (von Pompejus) *victor omnium gentium quas adierat* = *Vell. II*, 40, 2 (ebenfalls von Pompejus) *victor omnium quas adierat gentium* und 107, 3 (von Cäsar) *victor omnium gentium locorumque quas adierat.* Die meisten Entlehnungen dieser Art hat Ruhnken zum Velleius angemerkt; den Herausgebern des Severus sind sie entgangen.

eine sallustische und taciteische Atmosphäre versetzt werden. Diesen Zweck hat Severus vollkommen erreicht indem er, die verwandten stylistischen Elemente jener Autoren geschickt verschmelzend, eine allgemeine Erinnerung an sie hervorrief, welche immer auf bestimmte Gründe zurückzuführen auch dem gedächtnisskräftigsten Phrasenforscher schwer werden möchte. Eine solche mühselige Nachweisung aller den Klassikern nachgebildeten oder wörtlich entnommenen Stellen würde einen entsprechenden Nutzen nur im Anschluss an einen vollständigen Textesabdruck gewähren können; es muss daher an diesem Ort bei dem schon nicht Wenigen sein Bewenden haben, was der Art zu gelegentlichem Vermerk sich dargeboten hat [*]) und noch ferner darbieten wird. Statt durch ein Register abgerissener Phrasen sei lieber von des Severus Kunst, die Bibel nicht blos lateinisch sondern römisch zu machen, eine mehr zusammenhängende Vorstellung gegeben durch vollständige Mittheilung eines grösseren, in sich abgerundeten und daher von der Umgebung leicht loszulösenden Stückes, das auch nach sachlicher Seite einer näheren Betrachtung wohl würdig ist.

Während nämlich Severus die jüdische Sacralgesetzgebung (*sacerdotalia instituta* I, 20, 1), wie sie der Leviticus enthält, gänzlich bei Seite lässt als unwesentlich für die 'Geschichte', den eigentlichen Gegenstand seines Werkes, widmet er der Civil- und Criminalgesetzgebung eine ernstere Aufmerksamkeit als die meisten nichtjüdischen Bibelleser und Erklärer auf die betreffenden Abschnitte von Exodus zu wenden pflegen. Sei es nun dass ihn dabei die Einsicht in die Wechselwirkung zwischen den rechtlichen Zuständen und den geschichtlichen Begebenheiten geleitet hat, oder dass er als römischer Jurist und vormaliger Advokat (s. oben S. 3) sich gar zu sehr verletzt fühlte durch das Kauderwelsch, welches diesen Theil des Pentateuchs in der alten lateinischen Bibelübersetzung eben so arg verunstaltete wie bei den Septuaginta und sogar noch bei dem wörtlich dolmetschenden Hieronymus — jedenfalls hat er mit ernster Absicht und mit nicht geringem Erfolg sich der Mühe unterzogen, die mosaischen vermögensrechtlichen und strafrechtlichen Bestimmungen in die elegante Kunstsprache des römischen Forums zu übertragen, und in dieser nur einem Fachjuristen erreichbaren Form hat er sie seiner Chronik einverleibt. Er bewährt dadurch seine vereinigte Kenntniss der Bibel und des römischen Rechts zwar nicht in einer für unseren jetzigen zufälligen Bedarf eben so nützlichen, aber doch in einer ungleich anmuthigeren Weise als jener Unbekannte, welcher in der *Collatio legum Mosaicarum et Romanarum* eine den jetzigen Rechtsgelehrten hocherwünschte, mechanische Zusammenstellung geliefert hat von barbarisch zugerichteten Bibelversen mit vorjustinianischer Jurisprudenz. Auch hier jedoch hat sich Severus durch das offenbare Streben nach gewähltem Ausdruck nicht zu Verstössen gegen die sachliche Angemessenheit, wie dieselbe zu seiner Zeit begriffen wurde, verleiten lassen. Den Dekalog[*¹]), welcher als besonders geheiligte Formel unantastbar schien, hat er mit den üblichen Fehlern gegen

---

[*]) Die schon jetzt in so grosser Anzahl nachweisbaren Entlehnungen aus Sallust würden sich gewiss als noch viel beträchtlicher herausstellen wenn dessen Hauptwerk, die Historien, vollständig erhalten wäre. Denn dass diese damals in Gallien einen wichtigen Theil der Schullektüre ausmachten, bezeugt Ausonius *Idyll.* 4, 62. — Inzwischen vgl. für Sallust Anm. 9, 15, 19, 33, 35, 37, 45, 58 und für Tacitus Anm. 6, 32, 70.

[*¹]) Die Zählung ist die bei allen ecclesiastischen Schriftstellern bis auf Augustinus übliche, nach welcher *non erunt tibi dei alieni* als erstes, *non facies tibi idolum* als zweites Gebot gerechnet wird.

den lateinischen Sprachgebrauch Gott in den Mund gelegt (*I*, 17, 7); weder hat er *non* mit dem Futurum in *ne* mit dem Conjunctiv oder in eine andere regelrecht verbietende Wendung umgeschrieben, noch hat er sich in *non concupisces quicquam proximi tui* der sprachwidrigen wörtlichen Uebersetzung des im Griechischen untadligen τοῦ πλησίον enthalten. Sobald er aber von dem Dekalog zu den specielleren Gesetzen (*I*. 18, 2) übergeht, stimmt er auch die ferner durch keinen Missklang gestörte Redeweise des römischen Rechts an. Damit diese in ihrer Reinheit durch den Contrast klarer hervortrete und um die nöthigen Bemerkungen bequemer anknüpfen zu können, ist in folgender Tabelle den Worten des Severus die Uebersetzung des Hieronymus zur Seite gestellt, obzwar dieselbe für den Pentateuch erst 404, also nach der Severischen Chronik, vollendet wurde (s. Vallarsi *Vol.* II p. 1 p. 128); bemerkenswerthe Abweichungen der Septuaginta, mithin auch der dem Severus vorliegenden alten lateinischen Uebersetzung, sind in der dritten Spalte verzeichnet.

Severus l c. 18	Exodus XXI nach Hieronymus	
Edicta autem Dei ad Moisen istiusmodi sunt:		
§ 1 Hebraeus puer pecunia emptus sex annis serviet, post haec liber erit: sponte autem permanenti in servitute auris forabitur.	V. 2 Si emeris servum Hebraeum, sex annis serviet tibi, in septimo egredietur liber gratis. 5 Quodsi dixerit servus, diligo dominum meum et uxorem ac liberos, non egrediar liber, offeret eum dominus diis et applicabitur ad ostium et postes perforabitque aurem eius subula, et erit ei servus in saeculum.	
§ 2 Qui hominem occiderit, capite poenas luet; qui imprudens, rite exul erit.	V. 12 Qui percusserit hominem volens occidere, morte moriatur. 13 Qui autem non est insidiatus, sed deus illum tradidit in manus eius, constituam tibi locum quo fugere debeat.	
§ 3 Qui patrem matremve pulsaverit conviciumque (s c r. convicium v e) eis dixerit, capitali supplicio afficitor.	V. 15 Qui percusserit patrem suum et matrem, morte moriatur. 17 Qui maledixerit patri suo et matri morte moriatur.	15 Ὃς τύπτει πατέρα αὐτοῦ ἢ μητέρα αὐτοῦ θανάτῳ θανατούσθω. 16 ὁ κακολογῶν πατέρα αὐτοῦ ἢ μητέρα αὐτοῦ τελευτήσει θανάτῳ.
§ 4 Si quis Hebraeum subreptum vendiderit, morti dabitur.	V. 16 Qui furatus fuerit hominem et vendiderit, convictus noxae morte moriatur.	17 ἐὰν κλέψῃ τις τινα τῶν υἱῶν Ἰσραήλ κτλ.
§ 5 Si quis servum proprium servamve percusserit exque eo ictu obierit, reus in iudicio fiet.	V. 20 Qui percusserit servum suum vel ancillam virga et mortuus fuerit in manibus eius, criminis reus erit.	
§ 6 Si quis partum non deformatum mulieri excusse-	V. 22 Si rixati fuerint viri et percusserit quis mulierem praegnantem et abortivum quidem fe-	Ἐὰν δὲ μάχωνται δύο ἄνδρες καὶ πατάξωσιν γυναῖκα ἐν γαστρὶ

Severus l c. 18 rit . . . . neci dabitur.	Exodus XXI nach Hieronymus cerit sed ipsa vixerit, subibit damnum quantum expetierit maritus mulieris et arbitri iudicarint. 23 Sin autem mors eius fuerit subsecuta, reddet animam pro anima.	ἔχουσαν καὶ ἐξέλθῃ τὸ παιδίον αὐτῆς μὴ ἐξεικονισμένον, ἐπιζήμιον ζημιωθήσεται καθότι ἂν ἐπιβάλῃ ὁ ἀνὴρ τῆς γυναικὸς δώσει μετὰ ἀξιώματος. 23 ἐὰν δὲ ἐξεικονισμένον ᾖ, δώσει ψυχὴν ἀντὶ ψυχῆς.
§ 7 Si quis servo oculum aut dentem extorserit, servus vindicta liberabitur.	V. 26 Si percusserit quispiam oculum servi sui aut ancillae et luscos eos fecerit, dimittet eos liberos pro oculo quem eruit; 27 dentem quoque si excusserit servo vel ancillae suae, similiter eos dimittet liberos.	
§ 8 Taurus si hominem occiderit, lapidabitur; si dominus sciens bestiae vitium non consuluerit, et ipse lapidabitur, aut pretio se redimat, in quantum accusator poposcerit. Si servum taurus occiderit, in triginta drachmis (s.c.r. didrachmis) pecuniae domino numerabitur.	V. 28 Si bos cornu petierit virum aut mulierem et mortui fuerint, lapidibus obruetur . . . . . 29 Quodsi bos cornupeta fuerit ab heri et nudius tertius et contestati sunt dominum eius nec recluserit eum occideritque virum aut mulierem, bos lapidibus obruetur et dominum illius occident. 30 Quod si pretium ei fuerit impositum, dabit pro anima sua quicquid fuerit postulatus. 32 Si servum ancillamque invaserit, triginta siclos argenti dabit domino, bos vero lapidibus opprimetur.	32 ἐὰν δὲ παῖδα κερατίσῃ ὁ ταῦρος ἢ παιδίσκην, ἀργυρίου τριάκοντα δίδραχμα δώσει τῷ κυρίῳ αὐτῶν καὶ ὁ ταῦρος λιθοβοληθήσεται.
§ 9 Si quis defossum lacum non cooperuerit pecusque in lacum ceciderit, pretium pecudis domino dabit.	V. 33 Si quis aperuerit cisternam et foderit et non operuerit eam occideritque bos vel asinus in eam, 34 dominus cisternae reddet pretium iumentorum, quod autem mortuum est, ipsius erit.	
§ 10 Si taurus alterius taurum occiderit, pecus renumdabitur pretiumque domini particulae, peremptum etiam dividant. Quodsi dominus vitium tauri sciens non consuluerit, taurum dabit.	V. 35 Si bos alienus bovem alterius vulneraverit et ille mortuus fuerit, vendent bovem vivum et dividant pretium, cadaver autem mortui inter se dispertient. 36 Si autem sciebat quod bos cornupeta esset ab heri et nudius tertius et non custodivit eum dominus suus, reddet bovem pro bove et cadaver integrum accipiet.	
§ 11 Si quis vitulum subripuerit, quinque restituet; si ovem subripuerit, qua-	V. 37 Si quis furatus fuerit bovem aut ovem et occiderit vel vendiderit, quinque boves pro uno bove restituet et quattuor oves pro una ove.	ἐὰν δέ τις κλέψῃ μόσχον ἢ πρόβατον καὶ σφάξῃ ἢ ἀποδῶται, πέντε μόσχους ἀποτίσει ἀντὶ τοῦ

Secerus I c. 15
drupli poena erit; si circa
praees abactorem pecora
reperiantur, dupla restituat.

Exodus XXII nach Hieronymus
C. XXII, V. 3 Si inventum fuerit apud eum
quod furatus est vivens, sive bos sive asinus
sive ovis, duplum restituet.

ῥύσιμο καὶ τίσσαρα πρόβατα ἀντὶ
τοῦ προβάτου. XXII, 3 ἐὰν δὲ
καταληφθῇ καὶ εὑρεθῇ ἐν τῇ χειρὶ
αὐτοῦ τὸ κλέμμα ἀπό τε ὄνου
ἕως προβάτου ζῶντα, διπλᾶ αὐτὰ
ἀποτίσει.

§ 12 Nocturnum furem oc-
cidi licet, diurnum non
licet.

V. 1 Si effringens fur domum sive suffodiens
fuerit inventus et accepto vulnere mortuus fuerit,
percussor non erit reus sanguinis. 2 Quodsi
orto sole hoc fecerit, homicidium perpetravit et
ipse morietur.

§ 13 Si cuius pecora alte-
rius culu deparerint, do-
minus pecoris ererso re-
stituet.

V. 4 Si laeserit quispiam agrum vel vineam et
dimiserit iumentum suum ut depascatur aliena,
quicquid optimum habuerit in agro suo vel in
vinea pro damni aestimatione restituet.

§ 14 Si depositum perierit,
is penes quem depositum
fuit iurabit nihil se dolo
egisse. Fur inventus du-
plum dabit. Commendatum
pecus a bestia interceptum
non restituetur.

V. 6 Si quis commendaverit amico pecuniam aut
vas in custodiam et ab eo qui susceperat furto
ablata fuerint, si invenitur fur, duplum reddet.
7 Si latet fur, dominus domus applicabitur ad
deos et iurabit quod non extenderit manum in
rem proximi sui. 9 Si quis commendaverit
proximo suo asinum, bovem, ovem et omne iumentum ad custodiam . . . . 12 si comestum a
bestia, proferat ad eum quod occisum est et non
restituet.

§ 15 Si quis virginem non-
dum desponsatam corru-
perit, dotabit puellam et
ita eam uxorem accipiet. Si
pater puellae nuptias recu-
saverit, dotem raptor dabit.

V. 15 Si seduxerit quis virginem necdum desponsatam dormieritque cum ea, dotabit eam et ha-
bebit eam uxorem. 16 Si pater virginis dare
noluerit, reddet pecuniam iuxta modum dotis,
quam virgines accipere consuerunt.

§ 16 Si quis se pecudi mi-
scuerit, morti dabitur,

V. 18 Qui coierit cum iumento, morte moriatur.

§ 17 Sacrificans idolis pereat.

V. 19 Qui immolat diis, occidetur, praeterquam
Domino soli.

§ 18 Viduam et orphanum non
premendos; pauperem de-
bitorem non perurgendum;
nec usuram poscendam; ve-

V. 21 Viduae et pupillo non nocebitis. 24 Si
pecuniam mutuam dederis populo meo pauperi
qui habitat tecum, non urgebis eum quasi ex-
actor, nec usuris opprimes. 25 Si pignus a

Severus l c. 18	Exodus XXII nach Hieronymus	
stimentum pauperis pro pignore non accipiendum.	proximo tuo acceperis vestimentum, ante solis occasum reddes ei.	
§ 19 Principem populi non increpandum.	V. 27 . . . . principi populi tui non maledices.	
§ 20 Primogenita omnia Domino offerenda.	V. 28 . . . primogenitum filiorum tuorum dabis mihi; 29 de bobus quoque et ovibus similiter facies.	
§ 21 Carnem a fera captam non edendam.	V. 30 . . . carnem, quae a bestiis fuerit praegustata, non comedetis.	κρέας θηριάλωτον οὐκ ἔδεσθε.
§ 22 Coitiones in testimonium falsum aut in quacunque malitia (scr. quamcunque malitiam) non esse faciendas.	C. XXIII, V. 1 . . . nec iunges manum tuam ut pro impio dicas falsum testimonium. 2 Non sequeris turbam ad faciendum malum.	οὐ συγκαταθήσῃ μετὰ τοῦ ἀδίκου γενέσθαι μάρτυς ἄδικος. 2 Οὐκ ἔσῃ μετὰ πλειόνων [αἱ] κακίᾳ.
[Inimici pecus errans non praeterihis sed reduces. Si animal inimici succubuisse oneri inveneris, erigere debebis. Innocentem et iustum non occides. Non iustificabis impium pro muneribus.]	V. 4 Si occurreris bovi inimici tui aut asino erranti, reduc ad eum. 5 Si videris asinum odientis te iacere sub onere, non pertransibis sed sublevabis cum eo. 7 . . . insontem et iustum non occides, quia aversor impium.	4 ἐὰν δὲ συναντήσῃς τῷ βοῒ τοῦ ἐχθροῦ σου ἢ τῷ ὑποζυγίῳ αὐτοῦ πλανωμένοις, ἀποστρέψας ἀποδώσεις αὐτῷ. 5 ἐὰν δὲ ἴδῃς τὸ ὑποζύγιον τοῦ ἐχθροῦ σου κεκυφὸς ὑπὸ τὸν γόμον αὐτοῦ, οὐ παρελεύσῃ αὐτὸ ἀλλὰ συνεγερεῖς αὐτὸ μετ' αὐτοῦ. 7 . . . . ἀθῷον καὶ δίκαιον οὐκ ἀποκτενεῖς καὶ οὐ δικαιώσεις τὸν ἀσεβῆ ἕνεκεν δώρων.
§ 23 Munera non accipienda.	V. 8 Nec accipies munera . . .	
§ 24 Advenam benigne habendum.	V. 9 Peregrino molestus non eris.	
§ 25 Sex diebus opus faciendum, sabbato requiescendum.	V. 12 Sex diebus operaberis, septima die cessabis.	
§ 26 Fructus septimi anni non metendos sed pauperibus et egenis (scr. pauperibus gentis) relinquendos.	V. 10 Sex annis seminabis terram tuam et congregabis fruges eius; 11 anno autem septimo dimittes eam et requiescere facies, ut comedant pauperes populi tui et quicquid reliquum fuerit edent bestiae agri.	

Wer die Paragraphen des Severus in Einem Zuge überliest, wird von der Sorgfalt der bisherigen Herausgeber keine günstige Meinung fassen können wenn er erfährt dass Keiner unter ihnen Anstoss genommen hat an den zwischen § 22 und 23 befindlichen Sätzen, welche der hiesige Abdruck durch Klammern als eingeschobene bezeichnet. Dass sie es sind, beweist allein schon die Unterbrechung der gerundivischen Construction, welche mit § 18 beginnt und bis an das Ende des ganzen Stückes festgehalten wird; nur in den fraglichen Sätzen erscheint das ungrammatische *non* mit dem Futurum, welches hier keinerlei mildernde Umstände wie beim Dekalog (ob. S. 31) entschuldigen. Denn gerade um die Verletzung des lateinischen Ohres durch ein solches *non praeteribis, non occides, non iustificabis* zu vermeiden, hat Severus unmittelbar vorher und unmittelbar nachher diejenigen Gesetze welche, wie diese jetzt die Construction unterbrechenden, keine Strafbestimmung enthalten, also nicht nothwendig in Vorder- und Nachsatz gegliedert zu werden brauchen, recht absichtlich und recht geschickt gerundivisch gewendet. Auf welchem Wege das Einschiebsel entstanden ist, lehrt ein Blick auf die Septuaginta. Wie dort V. 5 das allgemeinere ὑποζύγιον statt des speciellen חמר des hebräischen Textes und *asinus* des Hieronymus gesetzt ist, so findet sich hier *animal*. Während Hieronymus den Wechsel des Hebräischen zwischen אביך und אמך mittels des freilich unklassischen *odientis* nachzubilden versucht, setzen die Septuaginta beidemal ἐχθροῦ und ebenso das Einschiebsel beidemal *inimici*. Endlich giebt *non iustificabis impium* pro *muneribus* Buchstab für Buchstab den von Hieronymus vermiedenen Fehler der Septuaginta wieder, welcher sich aus der Verderbung von רשע אצדיק לא in הצדיק לא herleitet. Mit der einzigen Ausnahme dass statt βοῦς ἢ ὑποζύγιον (V. 4) zusammenfassend **) *pecus* gesagt ist, liegt also hier eine nach den Septuaginta gefertigte wörtliche Uebersetzung vor, und eben diese Wörtlichkeit enthält einen Beweis mehr dafür dass wir es nicht mit Severus selbst zu thun haben, der sonst immer der Verständlichkeit oder der Grammatik durch Kürzung oder Aenderung zu Hilfe kommt. Andererseits gewährt die Wörtlichkeit auch einen kleinen Ersatz für die Störung, welche die Interpolation verursacht, und eine Andeutung über die Zeit ihres Urhebers. Er muss vor Verbreitung der Vulgata gelebt haben; und da die Kenntniss der vor Hieronymus umlaufenden Uebersetzungen zuweilen einen nützlichen Anhalt für Kritik ecclesiastischer Schriften bietet, so wird man dem frühen Leser des Severus nicht allzusehr zürnen, welcher mit Nachträgen aus einer solchen Uebersetzung den Rand seines Exemplars der Chronik versehen hatte.

Nach Ausscheidung dieser Marginalien bleibt nun, abgesehen von Wörtern wie *idola* (§ 17) und *sabbatum* (§ 25), deren technische Natur sie unentbehrlich macht, in dem ganzen Stücke nichts

---

Interpolationen.

**) Wahrscheinlich sind die drei Worte *Inimici pecus errans* ein Rest der kurzen Fassung, welche Severus diesem Gebote gegeben hatte, etwa in folgender Weise: *Inimici pecus errans reducendum*. Als die am Rande nachgetragene wörtliche Uebersetzung in den Text drang, ward *reducendum* in *reduces* umgeschrieben und zugleich wurden die Worte *non praeteribis sed* von ihrem richtigen Platz vor *erigere* dahin verschlagen wo sie jetzt stehen. — Dass die Itala für das griechische ἀθῷον (V. 7) *innocentem*, nicht wie Hieronymus *insontem* hatte, zeigt nach die Anführung bei Cyprianus *testim. adv. Iud. II*, 14, welche bei Sabatier (*Bibliorum sacrorum latinae versiones antiquae seu vetus Italia. Paris*. 1751) fehlt, obwohl er den Vers übereinstimmend aus Lucifer Calaritanus mittheilt; V. 4, 5 hat er in wechselnder Fassung aus verschiedenen Schriftstellern verzeichnet; auf das hiesige Einschiebsel ist er nicht aufmerksam geworden. — Ausser an dieser Stelle findet sich ein wörtliches Citat aus der Bibel nur noch Einmal in der ganzen Chronik und zwar abermals in einer offenbaren Interpolation. Nachdem nämlich *II*, 29, 5 von Nero gesagt war *incertum an ipse sibi mortem conciverit; certe corpus illius interemptum* wird folgendes angeflickt: *unde creditur, etiamsi se gladio ipse transfixerit, curato vulnere eius servatus, secundum illud quod de eo scriptum est* (Apokalyps. 13, 3): *'Et (Flacius ut) plaga mortis eius curata est.' sub severi fine mittendus ut mysterium iniquitatis exerceat*. Den unvereinbaren Widerspruch zwischen *corpus interemptum* und *curato vulnere servatus* hat bereits De Prato hervorgehoben, und schon das obligate *secundum illud quod unus* für Jeden, der sich in den Styl der Chronik hineingelesen hat, ein hinlänglicher Beweis der Interpolation sein. Vgl. Anm. 64 nud 84.

zurück, dessen sich die Feder eines Gaius oder Ulpianus hätte schämen dürfen. Ueberall zeigt sich die bündige Klarheit der Satzbildung, welche den geschulten Juristen Roms ohne merklichen Unterschied der Zeiten eigen war, und das scharfe Gefühl für die Tragweite der einzelnen Wörter, welches unzertrennlich ist von der Schärfe der Begriffe. Von dem letzteren Vorzug giebt gleich das zweite Wort in § 1 ein deutliches Beispiel. Den 'hebräischen Knecht' der biblischen Urschrift nennt Hieronymus, wie man sieht, *servum Hebraeum;* dass die Itala ebenso lautete, bezeugt[**]) Augustinus; Severus dagegen sagt *Hebraeus puer*. Dazu kann ihm παῖδα Ἑβραῖον der Septuaginta nicht den alleinigen Anlass gegeben haben; denn überall sonst (§ 5, 7, 8), wo bei den Septuaginta ebenfalls παῖς im Sinne von δοῦλος steht, hat Severus nichts desto weniger *servus* gebraucht; ein Verfahren, das seinen Herausgebern räthselhaft geblieben ist. Es klärt sich jedoch leicht auf durch die Erwägung dass für den Juristen *servus* den servilen Stand bedeutet. An allen übrigen Stellen (§ 5, 7, 8), wo von einem kanaanitischen Sclaven die Rede ist, hat daher Severus auch wirklich *servus* gesagt. Den hebräischen Knecht dagegen, dessen Dienstbarkeit nach Ablauf von sechs Jahren ohne Manumission von selbst erlischt, *servus* zu nennen, wäre ein juristischer Widersinn gewesen. Denn einen *servus* auf Zeit giebt es nicht. Severus wählt daher in *puer* ein Wort, welches die dienende Stellung bezeichnet ohne nothwendig den Sclavenstand einzuschliessen. — Eine ähnliche Rücksicht hat ihn § 5 das von Hieronymus gebrauchte Wort *ancilla*, welches auf den ersten Blick sogar sprachgemässer scheint, vermeiden lassen. Denn obwohl im gewöhnlichen Verkehr *ancilla* aus der ursprünglichen Bedeutung 'Dienerin' in die von 'Sclavin' übergegangen war und auch juristische Erläuterungsschriften sich dieses Gebrauches nicht enthielten, so war er doch in den strengen Gesetzstyl, den Severus hier nachbildet, nicht eingedrungen; im aquilischen Gesetz heisst es nicht *qui servum ancillamve alienum alienamve* sondern *qui servum servamve etc.* (*Dig.* 9, 2, 2), und ebenso spricht der Prätor (*Dig.* 11, 3, 1, *pr.*). — Recht unbarmherzig erscheint diese juristische Strenge der Wortbegrenzung in § 13. Die *virgo* wird dort nur im ersten Satzgliede geduldet; nachdem aber das Verbum *corruperit* hinzugetreten, kann Severus nicht einmal zum Gebrauch des Pronomen sich entschliessen, wie es doch das hebräische Original hat und wie Hieronymus sagt *dotabit eam* und die Septuaginta φερνῇ φερνιεῖ αὐτήν, sondern er greift schon hier zu einem neuen Substantiv, welches im guten Sprachgebrauch zwischen *virgo* und *uxor* die Mitte hält, und sagt *dotabit puellam*, während Hieronymus sogar noch im zweiten Satz von *pater virginis* spricht. — Neben solcher Abgemessenheit in der Verwendung des allgemeinen Sprachguts sind die Paragraphen des Severus auch vielfältig mit Entlehnungen aus dem fachmässigen juristischen Formelschatz geschmückt, und bei der Bedeutung, welche selbst dem geringsten Rest vorjustinianischer Rechtssprache zukommt, ist eine nach dieser Seite blickende Durchmusterung des ganzen Stückes um so mehr geboten, als erst hierdurch die, nicht immer glückliche aber immer bedächtige, Sorgfalt in ihr

---

[**]) Sabatier verletzt seinen in der Vorrede (*I p. XIV*) aufgestellten richtigen Grundsatz, dass Augustinus der gewichtigste Zeuge für die Itala sei, indem er die augustinischen Citate für *servum Hebraeum* blos in den Noten erwähnt, als Text der Itala aber folgenden abgerissenen Vordersatz aufführt aus 'Ambros. in *Ps.* 118 l. 1, 981': *Si emeris puerum Hebraeum et servierit tibi annis sex*, trotzdem schon *et servierit* zeigt dass Ambrosius hier nicht wörtlich citiren wollte. Der mailänder Bischof, welcher einst im *consilium* des prätorischen Präfecten fungirt hatte und so gut wie Severus juristische Bildung besass, wird aus demselben Grunde wie dieser sich des *servus Hebraeus* enthalten haben.

volles Licht tritt, mit welcher Severus den biblischen Stoff verarbeitet hat. — Die Bestimmung über Todschlag § 2 setzt ihn zum ersten Mal in den Fall, für die in diesem Abschnitt so oft wiederkehrende Strafsanction, welche auf Hebräisch nachdrücklich מות יומת und in dem Jargon der lateinischen Bibelübersetzungen sprachwidrig *morte moriatur* lautet, ein klassisches Aequivalent zu suchen. Er wählt hier eine feierliche Wendung *capite poenas luat*, deren sich auch Tacitus (*Annal. XII*, 54: *XIII*, 35) bedient, während in den justinianischen Quellen die kürzere und einfachere *capite puniatur* vorherrscht; am nächsten der severischen Formel kommt bei Menander *Dig.* 49, 16, 6, 4 *exploratores . . . capitis poenas luunt*, wo jedoch schon der Genetiv den lebendigeren Ablativ verdrängt hat. Auch ohne *poenas* scheint *capite luere* nicht gar häufig sich zu finden; für das justinianische Corpus wird es aus Saturninus *Dig.* 48, 19, 16, 4 verzeichnet. Dass es jedoch den älteren Gesetzen bekannt war, lehrt Paulus aus Festus *s. v. exerriator*, wo von dem Erben, der die Pflicht seinen Erblasser zu bestatten versäumt, gesagt wird *suo capite luat*. Auch Livius (*IX*, 5) erwähnt bei Angabe der Bestimmungen des Caudinischen Vertrags nach alten Quellen *sexcenti equites, qui capite luerent si pacto non staretur*. — Späterhin gebraucht Severus abwechselnd bald die Wendung *capitali supplicio afficitur* (§ 3), welcher schon der Imperativ einen legislatorischen Klang verleiht, bald *morti dabitur* (§ 4, 16) oder *neci dabitur* (§ 6). Die zwei letzteren werden sich schwerlich als juristische Formeln nachweisen lassen; doch bietet der bekannte Leichenbitterruf (*Ollus Quiris leto datus est* (Festus *s. v. Quirites*, Varro *L. L. VII*, 42) eine alte Analogie; *morti dare* ist bei Lucretius nicht selten, und *neci dare* gebraucht noch Vergilius ein Paar Mal. — Von grösserer sachlicher Bedeutung als diese nur der Eleganz dienende Abwechselung ist die Art wie Severus § 3 die zwei biblischen Gebote über Vergreifen an den Eltern in Eines zusammenfasst und auf ein bestimmtes Gebiet des römischen Rechts versetzt. Die Zusammenfassung war ihm nahe gelegt durch die Umstellung, welche schon die Septuaginta mit dem hebräischen Original vorgenommen hatten, welches jene zwei auf die Eltern bezüglichen Gesetze bekanntlich durch das Gesetz über Menschenraub auseinander hält. Severus geht nun aber noch einige Schritte weiter; statt τύπτει, das wahrscheinlich in der Itala, ebenso wie bei Hieronymus, durch *percusserit*, und statt κακολογεῖ, das nachweislich durch *maledixerit* wiedergegeben war, setzt er *pulsaverit conciciumve eis dixerit* d. h. die stehenden Ausdrücke des römischen Rechts für die zwei gewöhnlichsten Arten der einfachen Injurie, mit denen man sogar die Injurie überhaupt zu definiren [44]) meinen konnte. Durch *pulsare* bezeichnet die Rechtssprache in solchem Zusammenhange das blosse Stossen oder schmerzlose Schlagen, welches in dem sullanischen Gesetz (*Dig.* 47, 10, 5) ausdrücklich unterschieden war von *verberare*, dem Peitschen oder schmerzenden Schlagen; *concicium* hält in juristischer Bedeutung die Mitte zwischen *maledictum* in weiterem und *maledictum* in engerem Sinn; es ist nicht das blosse Schimpfen und auch nicht das eigentliche Verfluchen, sondern das laute und öffentliche Schmähen. Indem also Severus die in der Bibel verhängte Todesstrafe auf denjenigen bezieht, *qui patrem matremve pulsaverit conciciumve eis dixerit*, bezieht er sie auf den einfachen Injurianten der Eltern —

---

[44]) Ad *Herennium II*, 26, 41: *Falsae (definitiones) sunt huiusmodi: si quis dicat iniuriam esse nullam nisi quae ex pulsatione aut convicio constet*.

eine Strenge, die der jüdischen Auslegung, welche Verwundung und Verfluchung unter Aussprechung des Gottesnamens fordert, ebenso widerspricht wie dem späteren römischen Recht, welches jede gegen Eltern geübte Injurie wohl als 'schwere Injurie (*atrox iniuria* *Dig.* 47, 10, 7, 8)' behandelt, aber nicht mit Capitalstrafe belegt. Dagegen erinnert diese Strenge an das alte Königsgesetz [55]), welches den Sohn sacrirte der den Vater geschlagen hatte (Festus *s. v. plorare*); und da sonst meistens der Sacrirung im älteren Recht die Capitalstrafe im späteren entspricht, so ist es nicht unmöglich, dass eben diese Analogie mit der alten *lex regia* den Severus zu der besprochenen Auffassung der biblischen Gesetze bestimmte. — Wie gern er auf dergleichen Analogien hinweist, zeigt § 12, wo die alterthümlich ausmalenden zwei Bibelverse auf die sieben Worte *nocturnum furem occidi licet, diurnum non licet* reducirt sind, deren blosser Klang bei jedem römischen Juristen die Erinnerung erwecken musste, welche den oben erwähnten Vergleicher des mosaischen und römischen Rechts (*VII*, 1, 1) zu folgender Apostrophe veranlasst hat: 'Wenn die zwölf Tafeln den Dieb bei Nacht in alle Wege, bei Tage nur dann wenn er mit Waffen sich wehrt, todtschlagen heissen, so wisset, Ihr Rechtsgelehrten, dass Moses längst schon das Gleiche verordnet hatte (*Quodsi duodecim tabulae nocturnum furem* [*quoquomodo, diurnum*] *autem si se telo defenderit interfici iubent, scitote, Iurisconsulti, quia Moyses prius hoc statuit*)'. Denn in dieser kurzen Antithese von *fur nocturnus* und *diurnus* war man seit Cicero (*pro Mil.* 3) gewohnt, das von den Decemvirn anders (*Macrob. Sat. I*, 4) und voller stylisirte Gesetz, der Bequemlichkeit wegen, zu citiren. — Auch der vorhergehende § 11, welcher ohne an die Abfolge der Bibelverse sich zu binden, die auf Viehdiebstahl bezüglichen Gesetze vereinigt, enthält in den Worten *si viva penes abactorem pecora reperientur* eine Reminiscenz an das römische Recht, für welche jener Vergleicher einen besonderen Abschnitt seiner Sammlung (*Tit. XI*) aufwendet, die aber Severus mit seiner Kürze andeutet bloss durch die über den Bibeltext hinausgehende Nennung des technischen Wortes *abactor* und durch gewandte Benutzung des ihm von den Septuaginta übereinstimmend mit dem hebräischen Original (גנב) dargebotenen Plurals ζῶντα. Den gewerbmässigen Viehdieb (*abactor*) nämlich verfolgt das römische Recht mit schwereren Strafen als den gewöhnlichen Dieb, und bemisst die Gewerbmässigkeit nach der Anzahl der weggetriebenen Viehstücke. Wer Eine Ziege wegtreibt wird als *fur* behandelt; wer zehn Ziegen wegtreibt, ist ein *abactor* und wird unter Umständen sogar mit dem Tode bestraft (*Coll. XI*, 3; *Dig.* 47, 14, 3). Deshalb kann Severus erst bei 'mehreren Viehstücken (*pecora*)' den Terminus *abactor* anwenden um die mosaische Bestimmung des blossen *duplum* in stillen Gegensatz zu der römischen Strenge treten zu lassen; und indem er für diesen Theil des Gesetzes es hervorhebt, dass die Viehstücke sich bei dem *abactor* noch 'lebendig vorfinden (*viva reperientur*)', deutet er zugleich an, dass die beiden vorhergehenden Strafen des Fünf- und Vierfachen für Diebstahl Eines Rindes und Eines Schaafes nicht auf solchen Fall berechnet

---

[55]) Auch ausserhalb des Kreises juristischer Forscher musste diese *lex regia* in Andenken erhalten werden durch Vergilius, der *Aen. VI,* 609 besondere Höllenstrafen denjenigen zuerkennt *quibus Pulsatae(?) parens aut fraus innexa clienti.* Denn wie der zweite Halbvers deutlich auf die von den zwölf Tafeln gegen den Verletzer der Patronatspflicht ausgesprochene Sacrirung sich bezieht, so liegt auch dem ersten Halbvers eine Anspielung nicht, wie manche Ausleger meinen, auf platonische Stellen sondern auf jenes Gesetz der römischen Urzeit zu Grunde.

sind, sondern nur dann Statt finden wenn das Thier entweder nicht mehr am Leben, oder nicht mehr bei dem Diebe zu finden ist, d. h. entweder, wie der biblische Text lautet, geschlachtet oder verkauft worden; *quinque restituet* musste Severus in gewöhnlicher Sprache neben dem juristischen *quadrupli poena erit* sagen, weil das römische Recht eine Strafe des Fünffachen nicht kennt und demnach die Reihe der entsprechenden Wortbildungen bei *quadruplum* abbricht. — Eine nicht minder hervorstechende juristische Zuthat zu dem biblischen Text bietet § 7, wo der eines Zahnes oder Auges beraubte Sclave, welchen der Herr frei lassen soll, *vindicta liberatur*. Es ist verwunderlich dass ein in den römischen Rechtsantiquitäten so bewanderter Mann wie Sigonius dem Severus vorwerfen konnte, er habe durch Hinzufügung von *vindicta* die Sache "dunkler" gemacht. Nach dem justinianischen Recht freilich, welches diese Art der Freilassung bloss äusserlich als Erklärung vor dem Magistrat von den übrigen Arten unterscheidet, wäre nicht abzusehen warum Severus an dieser Stelle vorzugsweise die *vindicta* genannt hat. Erinnert man sich jedoch dass im alten Recht die *vindicta* eine eigentliche *vindicatio* war, bei welcher ein Dritter die Freiheit des Sclaven in Anspruch nahm, der Herr dagegen sein Eigenthumsrecht behauptete und schliesslich der Magistrat zu Gunsten der Freiheit entschied, so wird man es als eine geschickte Uebertragung loben müssen, dass Severus hier, wo das biblische Gesetz den Herrn des misshandelten Sclaven zur Freilassung zwingt, jene ihm in ihrer ursprünglichen Bedeutung noch bekannte Form der unfreiwilligen Manumission gewählt hat. — Endlich mag noch hervorgehoben werden dass § 22 die zwei betreffenden Bibelverse, mit einem den Kennern des hebräischen Textes deutlichen, jedoch dem mittelbar oder unmittelbar von den Septuaginta abhängigen Severus leicht zu verzeihenden Irrthum, zusammengezogen sind in eine und dieselbe Bestimmung über Verabredungen zu Missbrauch der Rechtsformen oder sonstige Complote. Dass in *coitiones facere* wiederum der technisch juristische Ausdruck für derartige Vergehen gewählt worden, zeigt die Vergleichung solcher Stellen wie *Cic. p. Plancio* 22, 53, wo *coitio facta* von Wahlcomploten, und *Coll. VIII*, 7, 2; *Dig.* 47, 13. 2 wo *coire in* und *coire ad* von Verabredungen zu falschem Zeugniss und falscher Anklage vorkommt. — Ueberblickt man nun wie, ausser in diesen augenfälligeren Wörtern und Formeln, auch noch in den leiseren syntaktischen Wendungen (§ 8 *in quantum* § 14 *is prius quem* = *Dig.* 16, 3. 29) überall das juristische Idiom mit kunstfertiger Sicherheit gewahrt ist, so wird man dem Severus, trotz der mancherlei Verstösse gegen den Sinn des ihm unzugänglichen hebräischen Originals, die Anerkennung nicht versagen, dass er seine nächste stylistische Aufgabe recht meisterlich gelöst hat, und dass seine freie Uebertragung in die Steinsprache römischer Gesetze einen der ehernen Sprache Mosis viel verwandteren Gesammteindruck macht als man ihn bei den wörtlichen Dollmetschungen sowohl der älteren wie der neueren Zeit empfinden kann. Mit Zuversicht durfte Severus hoffen, dass nun für einen grossen Theil seiner Leser diese scheinbar so dürre Partie des Pentateuchs durch die von selbst sich aufdrängenden Parallelen mit dem römischen Recht wenigstens eben so anziehend geworden sei wie die historisch belebteren Abschnitte. Denn das Publicum, welches er zunächst befriedigen wollte, war das aquitanische, bei welchem er die gleiche, auf viel Rhetorik und etwas Jurisprudenz ruhende Bildung voraussetzen konnte, die er selbst empfangen hatte. Und in der Beschaffenheit dieses Publicums, in seinen Ansprüchen und Bedürfnissen liegen die Anlässe zu der gesammten stylistischen Arbeit des Severus, von welcher das eben durchmusterte [14]) Stück eine Probe gegeben hat. Im Kreise der Redekünstler und Sachwalter, welche den Kern der gebildeten Stände Aquitaniens ausmachten, war die Bibel bisher nicht blos ungelesen geblieben, sondern sie war für dieselben auch wirklich unlesbar. Je ausschliesslicher die Jugenderziehung eine formal litterärische ward, je weniger man im späteren Leben die Form mit gediegenem Gehalt des Denkens und Handelns zu erfüllen vermochte, und je unfähiger man selbst auf formalem Gebiete sich fühlte, das Ueberlieferte durch eigene Erfindung zu mehren, desto wählerischer und einseitiger wurde der litterärische Geschmack, desto herrischer wollte er vor allen Dingen seinen formalen Anforderungen genügt sehen, ehe er sich auch nur bis zur Kenntnissnahme mit einem neuen Stoffe einlassen mochte. Um die Ueberwindung zu begreifen, welche Leuten dieser Bildungsstufe der Entschluss kosten musste, ein Capitel der Septuaginta oder der Itala zu endigen, braucht man die Vorstellungskraft nicht einmal so weit zurückzuspannen, wie es der jüngst verstorbene Historiker Englands [15]) gethan hat, der sich die Frage vorlegt, welche stutzende Miene wohl die in Mäcenas' und Pollio's Abendzirkeln versammelten Meister der lateinischen Zunge gemacht haben würden, wenn plötzlich die *Cherubim et Seraphim*, die im ambrosianischen Lobgesang *incessabili voce proclamant Sanctus*, ihr Ohr getroffen hätten. Vielleicht dass ein Vergilius und Horatius, gerade weil sie mit ihrer Sprache und ihren Stylformen noch als wahre Herren und Meister umgingen, nachsichtiger über einen Solökismus oder eine im Hebräischen kräftige aber im Lateinischen wunderliche Metapher hinweggelesen hätten, sobald nur einmal der Inhalt der Bibel ihnen nahe gebracht worden. Aber die Litteraten und Gebildeten des vierten und fünften Jahrhunderts waren die Unterthanen einer eingelernten Grammatik, die Sclaven einer überkommenen Stylistik; mit dem besten Willen konnten sie nicht mehr die nöthige Freiheit des Sinnes erringen, um den Geist da zu achten, wo eine fremdartige oder gar regelwidrige Form

---

[14]) Die nöthigsten Angaben über die vorgenommenen kleineren Wortbesserungen seien hier in aller Kürze zusammengefasst. — § 3 hat *conviciamte*, das sich selbst rechtfertigt, schon De Prato vorgeschlagen, wie auch § 22 *in quamcunque malitiam*, und § 8 *didrachmis* auf Grund der Septuaginta, welche bekanntlich den vier attische Drachmen geltenden Schekel auf die alexandrinische Währung reducirten. — § 5 ist *in vor indicio* aus der Vaticanischen Handschrift hinzugekommen. — § 6 mag sich Jeder, der es der Mühe werth hält, die unverkennbare und von fast allen Herausgebern anerkannte Lücke beliebig ausfüllen mit Benutzung der bei Sabatier verzeichneten Itala oder nach Anleitung des Griechischen, welchem Severus sich auch darin anschliesst, dass er für ἐμφανιζομένου *deformatum* setzt im Sinn von *formatum deformatum*. (Huhnken zu Rutil. II, ü *init.*). Ich fühle mich nicht gedrungen, bei dieser widerwärtigen und wohl nur aus schlimmer Absicht entsprungenen Verderbung der hebräischen Urschrift durch die Septuaginta länger zu verweilen, zumal da Hieronymus das Richtige in sein Recht eingesetzt hat. — § 26 sticht die synonymische Fülle *pauperibus et egenis*, welche überall auffallen würde, gegen den sonst so knappen Styl dieses Abschnittes gar zu sehr ab und findet im Bibeltext keinen Anhalt. Mein Vorschlag *pauperibus gentis* entspricht dem *pauperes populi tui* (עַמְּךָ עֲנִיֵּי) des Hieronymus, wofür die bei Sabatier aus Augustinus angeführte Itala *pauperes gentis tuae* hatte. — Zur Charakteristik von De Prato's Kritik sei schliesslich noch bemerkt, dass er § 8 und § 10 *consuluerit* beidemal mit grosser Unbefangenheit ändern will in *consulere*. *reclauserit*. Er hatte also kein Gefühl dafür, wie trefflich *consulere* mit dem Sinn von 'Maassregeln ergreifen' in jeden guten Latein und besonders in ein juristisches passt. Ueberhaupt scheint er von der juristischen Färbung des ganzen Stücks nichts gemerkt zu haben, so wenig wie seine Vorgänger, ausser Sigonius, der sie nicht übersehen haben kann, aber nur bei *sindicis* sich in der angegebenen Weise darüber geäussert hat.

[15]) *It is curious to consider, how those great masters of the Latin tongue, who used to sup with Mæcenas and Pollio,* Macaulay *would have been perplexed by* 'Tibi Cherubim et Seraphim incessabili voce proclamant Sanctus, Sanctus, Sanctus Dominus Deus Sabaoth' or by 'Idro eum Angelis et Archangelis, cum thronis et dominationibus.' — Macaulay, *history of England*, ch. 14, Vol. V, 141 der Leipziger Ausgabe.

ihren Geschmack verletzte. Selbst der junge Augustinus, der Sohn einer gläubigen Mutter, fand, nachdem bereits Cicero's Hortensius seine schlummernden Kräfte geweckt hatte und Lust zur Bibel in ihm sich regte, dennoch an ihr kein dauerndes Gefallen, weil sie ihm 'jedes Vergleichs mit der Stattlichkeit des Marcus Tullius (*Tulliana dignitas*, *Confess. III*, 5) unwürdig schien'. Und nicht nur ergötzlich sondern auch recht lehrreich für die ganze damalige Stimmung der gebildeten Kreise ist die Schilderung, welche Hieronymus, in dem bekannten halb ernsten halb scherzenden Bericht über seine ciceronische Geisselung (*ep.* 22 *Vol. I*, 115 *Vall.*), von seinem eigenen Zustande entwirft, wie er nach einer in inbrünstiger Andacht durchwachten Nacht früh Morgens die Komödien des Plautus zur Hand nimmt, dann wieder in sich geht, die Propheten zu lesen versucht, aber sich abgestossen fühlt durch den vernachlässigten Ausdruck (*sermo horrebat incultus*). Wenn dies den ernsteren Naturen widerfuhr, was mussten nun erst Menschen wie z. B. Ausonius empfinden, der gewiss nicht eine Ausnahme sondern eher das Musterbild der aquitanischen Gesellschaft darstellt. Dass dieser Lehrer des frommen, zuerst den heidnischen Ornat des Pontifex Maximus ablegenden Kaisers Gratianus der christlichen Gemeinde angehörte, steht für alle Besonnenen längst ausser Zweifel; ebenso unzweifelhaft aber beweisen seine Schriften dass er die Bibel nicht anders als von Hörensagen gekannt hat. Er und die aquitanischen 'Professoren', welche er besingt, hätten um ihres Glaubens willen wohl jede andere Noth und Schmach lieber gelitten als die Noth, solche Solökismen lesen, und die Schmach, solche Barbarismen in die Feder oder den Mund nehmen zu müssen, wie sie jeder Vers der Itala oder der Septuaginta enthält. Und eben weil für diese Kreise die Bibel so gut wie nicht vorhanden war, fand die Schwärmerei bei ihnen einen so leichten Eingang. Für alle ähnlichen litterärischen und religiösen Zustände gilt ja der Zusammenhang von Ursache und Folge, welchen Augustinus andeutet, indem er, unmittelbar nach dem Bekenntniss seiner vormaligen Abneigung gegen die Bibel, zu beichten fortfährt: 'so fiel ich denn (*incidi itaque*. *Conf. III*, 6 *init.*) in die Hände der Manichäer'. Was aber die Manichäer für Africa, waren für Aquitanien die Priscillianisten. Wie mächtig diese dort zu Severus' Zeit und in seiner nächsten Nähe fortbestanden, welch wirksames Mittel der Propaganda sie bei der litterärischen Stimmung Aquitaniens an ihrer klassischen Bildung besassen, ist oben (S. 6 und 8) dargelegt worden; und je ernstlicher Severus das blutige Einschreiten gegen sie missbilligte, desto mehr musste er sich aufgefordert fühlen, sie mit den Waffen der Feder auf ihrem eigenen Felde zu bekämpfen. Er wählte eine unverfängliche und zugleich das Uebel tief an der Wurzel fassende Art des Angriffs, indem er es versuchte, den einfachen, thatsächlichen Inhalt der biblischen Schriften als lesbares Geschichtsbuch den Rhetoren und gebildeten Frauen, unter welchen der Priscillianismus den zahlreichsten Anhang gefunden hatte, in die Hände zu spielen. Weil es für solche Leser keinen anderen historischen Styl gab als den durch Sallustius und Tacitus fixirten, deshalb sucht Severus diesen klassischen Vorbildern möglichst nahe zu bleiben, und während er in anderen, für die bereits Glaubensfesten bestimmten Schriften geringschätzig von der 'Beredsamkeit' spricht und sich dessen rühmt dass er über Solökismen [44]) nicht erröthe, hat er in der Chronik alle Mittel aufgeboten, um

---

[44]) In dem Brief an Desiderius, welcher die Einleitung zu der *Vita Martini* bildet, sagt Severus: *bona sit venia a lectoribus postulabis ut res potius quam verba perpendant et aequo animo ferant si aures eorum vitiosus fortitan sermo perculerit.*

den Rhetoren durch die That zu beweisen, dass man von biblischen Dingen auch in einer anderen als in der 'Fischersprache' schreiben könne. Dieser Beweis durfte, da es ein factischer sein sollte, nicht erst unter ausdrücklicher Ankündigung angetreten werden; jedes Reden darüber hätte sogar als Herausforderung der Kritik erscheinen und die Wirkung beeinträchtigen müssen; und daher hat Severus gänzlich geschwiegen von dieser ersten der zwei oben (S. 29) bezeichneten Eigenthümlichkeiten seines Werkes, welche in der stylistischen Form liegt.

Um so bestimmter hat er selbst auf die andere Eigenthümlichkeit, welche durch die stoffliche Auswahl bedingt ist, in der Einleitung hingewiesen, die hier unverkürzt folgt, weil sie nicht allzu lang ist und einen passenden Leitfaden für den weiteren Fortschritt unserer Untersuchung darbietet. 'Ich habe es unternommen — sagt er — die in der heiligen Schrift überlieferte Ge-
'schichte von dem Weltbeginn an kurz zusammenzudrängen und unter genauen Zeitangaben bis auf
'die Gegenwart herab in grossen Umrissen zu erzählen, weil dies von mir Viele ernstlich forderten,
'welche die göttlichen Dinge im Wege eines zeitsparenden Lesens kennen zu lernen sich beeilen
'wollten. Ihrem Verlangen nachgebend habe ich keine Mühe gescheut, um den in so sehr vielen
'Bänden verzeichneten Inhalt in zwei Büchlein einzuschliessen, habe aber bei diesem Streben nach
'Kürze dennoch von Begebenheiten fast nichts unterdrückt. Nachdem ich so die heilige Geschichte
'bis zu den Evangelien und der Apostelgeschichte durchlaufen, schien es mir nicht unpassend, auch
'die späteren Begebenheiten anzuknüpfen: die Zerstörung Jerusalems, die Bedrängnisse der christ-
'lichen Gemeinde, die dann folgenden Zeiten des Friedens und dann wiederum die allgemeine
'Verwirrung durch Gefahren im Innern der Kirche. Uebrigens trage ich kein Bedenken zu ge-
'stehen, dass ich, wo mein Plan es erforderte, zu genauer Zeitangabe und zu Fortführung der
'geschichtlichen Reihenfolge auch heidnische Geschichtschreiber benutzt und aus ihnen entnommen
'habe was zur Vervollständigung der Kunde mangelte, damit zugleich die Ungelehrten unterrichtet

---

quia regnum Dei non in eloquentia sed in fide constat. *Meminerint etiam, salutem saeculo non ab oratoribus — cum utique, si sprachlichen utile fuisset, et id quoque Dominus praestare potuisset — sed a piscatoribus praedicatam* (nach der Lesart des veronesischen Capitularcodex). *Ego enim cum primum animum ad scribendum appuli* (also den Terenz nachahmen kann er selbst in der Fischersprache sich nicht versagen) *quia nefas putarem tanti viri* (des Martinus) *latere virtutes, apud me ipse decidi ut soloecismis non erubescerem.* — Dass es auch in der Chronik, trotz der erstrebten Eleganz, nicht an Zeichen der sinkenden Sprache mangelt, wird Niemand überraschen. Z. B. Ist *dissimulatem* geradezu für *negligere* gebracht II, 1, 4 *ne dissimu-* dissimulare. *latum imperium regis* und I, 13, 3 *nec dissimulari cruentum imperium licebat.* Vgl. in dem vortrefflich geschriebenen Brief des Pelagius an Demetrias c. 3 extr. (Hier. ed. Vallar. Vol. XI par. 2 p. 5): *Bi improbissimi hominum dum dissimulant id ipsum bene administrare quod facti sunt, aliter se fortes fuisse malunt.* — Ebenso überschreitet der Gebrauch von *cur* statt *eur propterea quod* weit die für die gute Sprache geltenden Gränzen in folgenden Sätzen: I, 38, 6 *veniam a Domino petens* (*David*) *cur in id animos extulisset;* II, 15, 6 *Holofernen ira accensum cur ex populo potissimum Judaeorum pendere illius victoria pateretur.* Dasselbe, nach dem Sidonius gelänfig, *cur* bietet die Vaticanische Handschrift noch an zwei anderen Stellen I, 35, 5 *Saul Abimelech sacerdotem interemit cur David recepisset* und I, 44, 6 *sprato Michaea propheta et in vincula conjecto cur ei exitiabilem fore pugnam denuntiasset,* wo Flacius beidemal *quod* hat. — In gleicher Weise findet sich bei Flacius siquidem *siquidem* mit dem Conjunctiv nur Einmal II, 5, 7; der Vaticanus bezeugt es, ausser in der oben Anm. 48 behandelten Stelle, auch noch I, 7, 4 *siquidem . . . agerd.* — Andererseits gewährt der Vaticanus, statt der tadelhaften Wortbildung albitudo; I, 16, 5 *glaciali albedine erat,* die gute plautinische Form *albitudine,* wie er auch I, 9, 3 *Rachel desperata iam partitudine* partitudine. *Ioseph reddit* eine ebenfalls plautinische Form bewahrt, welche bei Flacius durch die Interpolation *desperato iam partu* verwischt ist. Eine ebenso unberechtigte Interpolation I, 49, 5 *cibo potuque abstinere iubentur* verdrängt bei Flacius abstinent. die gewählte, im Vaticanus erhaltene Wendung *cibo potuque abstinentur.*

'und die Gebildeten überwiesen werden. Jedoch was die geordneten Auszüge aus den heiligen Büchern
'angeht, möchte ich denen nicht meinen Beifall geben, welche dieselben so lesen wollen, dass sie
'allein danach greifen, und die Quellen, aus denen sie abgeleitet worden, unbeachtet lassen. Man
'möge vielmehr mit den Quellen sich vertraut machen, und dann das dort Gelesene hier von Neuem
'sich vergegenwärtigen. Denn die Geheimnisse der göttlichen Dinge lassen vollständig sich nur
'aus den Quellen selbst schöpfen'[60]).

Vergleichen wir diese Ankündigungen mit dem im Werk Geleisteten, so darf es zunächst
dahingestellt bleiben ob die 'Vielen', durch deren ernstliches Fordern Severus sich zu seiner Arbeit
bewegen lässt, leibhaftige Personen waren, oder ob sie zu den Personificationen gehören, mit
welchen die Schriftsteller aller Zeiten, gleichsam wie mit einer mythologischen Maschinerie, ihre
Vorreden zu beleben pflegen. Auch in dem letzteren, wahrscheinlicheren Falle ergiebt sich was
allein zu erfahren uns wichtig sein kann, dass Severus zu seinem Unternehmen bestimmt wurde
vorzüglich durch das Bedürfniss solcher Leser, welche die Bibel noch nicht kannten, sondern erst
kennen lernen wollten, aber nicht Zeit und Lust fanden, sich durch die vielen Bände der wörtlichen Uebersetzung hindurchzuarbeiten. Er muss sogar fürchten dass diese Art von Lesern, nachdem sie in den Besitz eines Compendiums gekommen, die bändereichen Quellen gar nicht zur
Hand nehmen. Hiergegen verwahrt er zwar sein frommes Gewissen in dem etwas gewundenen
Schlusssatz; er kann einer solchen, die Quellen verdrängenden Benutzung des Auszugs nicht 'Beifall[61]) geben'; er wünscht vielmehr dass man seine Arbeit nicht als ausschliessliches Mittel des
Kennenlernens (*cognoscere*), wie jene 'Vielen' wollten, sondern [neben den Quellen zur Wiederho-
lung (*recognoscere*) gebrauche. Jedoch hat er keinerlei Vorkehrung getroffen, die Erfüllung dieses
Wunsches zu erzwingen. Was er überhaupt erzählt, ist nun auch in sich abgerundet, setzt, um
verstanden und genutzt zu werden, weder eine vorherige Bekanntschaft mit der Bibel voraus, noch

Einleitung. [60]) *Res a mundi exordio sacris litteris editas breviter constringere et cum distinctione temporum usque ad nostram memoriam carptim* (= *Sallust. Cat.* 4) *dicere aggressus sum, multis id a me et studiose* (so der Vaticanus statt *me studiose* des
Flacius) *efflagitantibus, qui divina compendiosa lectione cognoscere properabant* (= *Sallust. Cat.* 7 *cumpiri* .... *properabat*)
*Quorum ego voluntatem sedulus non pypervi labori meo quin ea quae perinultis voluminibus perscripta continebantur duobus libellis
concluderem, ita brevitati studens ut paene nihil gestis subduxerim. Visum autem mihi rei non absurdum cum usque ad Christi
crucem Apostolorumque actus cucurrissem, etiam post gesta connectere* (so der Vaticanus statt *connectere* des Flacius): *excidium
Hierosolymae vexationesque populi Christiani et mos pacis tempora ac rursum ecclesiarum intestinis periculis turbata omnia loca-
turus* (dieses, wie die Construction zeigt, verderbte Wort überzeugend zu bessern ist bisher nicht gelungen): *Ceterum
illud non pigebit fateri, me, siculi ratio exegit, ad distinguenda tempora continuandamque seriem unum eae historicis e amicis atque
ex his quae ad supplementum cognitionis deerant usurpasse, ut et imperitos docerem et litteratos convincerem. Verumtamen ea
quae de sacris voluminibus breviata dignissimus non ita legentibus (so der Vaticanus statt praetermissis illa unde haec derivata des Flacius) sunt, appellantur; nisi cum illa quis familiariter
noverit, hic recognoscat quae ibi legerit. Etenim universa divinorum rerum mysteria non nisi ex ipsis fontibus hauriri queunt.
Nunc initium narrandi farium* (= *Sallust. Cat.* 4 *artr.*).

auctor. [61]) Dass *auctor* in den eben (Anm. 59) mitgetheilten Worten *legentibus auctor accesserim* nicht die gewöhnliche
Bedeutung 'Rathgeber, Anstifter' habe, lehrt *accesserim*, welches nur das nachträgliche Hinzutreten eines Gutheissenden
bezeichnen kann, etwa wie in den publicistischen und juristischen Redensarten *patres auctores fieri* und *tutorem auctorem
fieri* für Ratificiren und Einstimmen gesagt wird, nach 'Paulus' (*Dig.* 26, 8, 3) Erläuterung: *probare quod agitur, hoc est
auctorem fieri.* — Einen Beweis für die Verbreitung der Lektüre des Severus im sechszehnten Jahrhundert giebt das
Wiederkehren dieser eigenthümlichen Wendung bei Petrus Daniel in der Vorrede zu seinem Servius (Rh. Mus. *XIV*, 535
letzte Zeile): *quo fit ut non facile legentibus auctor accesserit* etc.

lässt es einen Stachel zurück, der einen nicht sonst schon bibelfreundlichen Leser auf dieselbe hindrängen müsste. Wo er aber, unter Verweisung auf die ausführlicheren Quellen, etwas übergeht, da macht er von der Beschaffenheit des Ausgelassenen solche Angaben und giebt seinen citirenden Worten eine solche Schattirung, dass sie den gewöhnlichen Leser eher abschrecken als einladen müssen, das Citat zu verificiren. Z. B. die Stammtafel der Nachkommen Esau's (*Gen.* 36) hat er in sein 'knappes Werk' nicht aufnehmen mögen; 'wem besonders daran liegt (*si quis studiosior erit I.* 10, 4)', der möge sich an die Quellen halten. Die Gebote über den Bau der Stiftshütte (*Exod.* 25—31) lässt er fort, weil sie ihm 'gar weitläufig (*prolixa admodum I*, 19, 3)' erschienen sind. Dass der ganze Leviticus übergangen wird als 'angefüllt mit Priesterregeln und unergiebig für die Geschichte', ist schon oben (S. 31) berührt worden. Aber auch auf die geschichtlich so wichtige Ueberlieferung von den Städten der Urzeit (*Gen.* 10) hat er 'keine Lust näher einzugehen (*nominatim persequi animus non fuit I,* 4, 3)'; das Verzeichniss der kanaanitischen Könige (*Ios.* 12) wird 'im Streben nach Kürze (*dum brevitati studemus I,* 23, 4)' mit zwei Worten abgethan; ja, sogar die gesammte Chronologie der Könige des Zehnstämmereichs hat er als 'überflüssig (*superflua I.* 47, 2)' ausgeschieden. Wie nun diese Beispiele darthun, dass die Beziehungen zwischen dem Auszuge und der Quelle keineswegs innige sind, so zeigen sie andererseits, welch beträchtliche Einschränkung das Vorgeben der Einleitung bedarf, es sei trotz der angestrebten Kürze 'fast keine Begebenheit' unerwähnt geblieben. Von denjenigen Begebenheiten freilich, welche die Bibel selbst mit erschöpfender Ausführlichkeit erzählt und die sich daher ohne Mühe nacherzählen liessen, mag wohl keine fehlen; und Geschichten wie die von Esther und Judith sind sogar mit unverhältnissmässiger Breite (*II,* 12—17) behandelt, gewiss nur deshalb, weil sie für den leichten Erzählerton einen so dankbaren Stoff abgeben; überall jedoch wo der wahre Geschichtsforscher sich gerade durch die karg andeutende Kürze der Bibel zum Ergründen und Verweilen gereizt findet, verdoppelt Severus seinen Excerptoreneschritt und eilt auch an 'Begebenheiten' vorüber. Er wollte eben kein forschendes Geschichtswerk, sondern ein geschichtliches Lesebuch liefern, und hatte die im alten Aquitanien wohl ebenso fest wie im modernen Frankreich eingebürgerte Kunst gelernt, das Lesebuch nun auch lesbar vorzüglich dadurch zu machen, dass Alles ferngehalten wird, was das Behagen stören, zu anstrengender Theilnahme an einer Einzelforschung nöthigen, oder sonst eine merkliche Unterbrechung der einmal angeregten Grundstimmung herbeiführen könnte. Sicherlich liegt in diesem Streben, den bequemen Ton des Lesebuchs festzuhalten, auch der hauptsächlichste, wenngleich nicht der alleinige, Anlass zu der beim ersten Blick so sehr auffallenden Aussonderung der neutestamentlichen Bücher. Severus sagt es selbst (*II,* 27, 3): 'Den Inhalt der Evangelien und der Apostelgeschichte habe er zu berühren nicht gewagt, damit der Würde dieser Dinge durch die knappe Form seiner Arbeit kein Abbruch geschehe (*ne quid formæ præcisi operis rerum dignitatibus diminueret*)'. Mit anderen Worten: Eine auf 'Begebenheiten' beschränkte Auswahl und eine schlichte Erzählung wären beim Neuen Testament unthunlich gewesen; das Dogma hätte nothwendig die Geschichte übertönen müssen; um einfacher Geschichtserzähler bleiben zu können, hatte daher Severus ehrfurchtsvoll aus nicht blos vor den Evangelien sondern auch vor der an 'Begebenheiten' doch so reichen Apostelgeschichte.

Ausser durch dieses Ablehnen des Dogmatischen will Severus, wie die Einleitung ferner hervorhebt, seinem Werke noch durch zwei positive Mittel das rein historische Gepräge verleihen, indem er erstlich die erzählten Ereignisse mit fortlaufenden chronologischen Daten versieht, und indem er zweitens nichtbiblische Nachrichten zur Ergänzung der biblischen verwendet. Mit der Chronologie hat er es recht ernstlich genommen und schwierigere Punkte derselben auch in Episoden besprochen, die zwar nicht so häufig und ausgedehnt sind, dass der leichte Fluss der Erzählung wesentlich gehindert würde, aber doch oft genug eintreten, um des Verfassers Neigung für solche Untersuchungen zu bekunden. Ausser den bezüglichen Angaben der Bibel selbst, benutzt und citirt er vornehmlich die Chronik des Eusebius (s. den Anhang), die schon seit dem Jahre 380 in der lateinischen Uebersetzung des Hieronymus (*Vallars. XI,* 1 p. 66) verbreitet war, und die er, da an seiner Kenntniss des Griechischen zu zweifeln kein Grund ist, gewiss auch im Original studirt hat; er hatte sich mehrere Exemplare derselben verschafft, um die Fehler der Abschreiber besonders in den Zahlen controliren zu können (*II,* 9, 8), wie er denn solche Zahlenfehler auch in den ihm vorliegenden Handschriften der griechischen und lateinischen Bibel mit berechtigtem Freisinn annimmt und die schlimme, nur zu sehr eingetroffene Ahnung nicht unterdrücken kann, dass eine ähnliche Verwahrlosung seitens der Abschreiber den vielen so mühsam ausgerechneten Jahreszahlen in seinem eigenen Werke bevorstehe [61]). Aber auch entlegenere chronologische Hilfsmittel hat er neben den eusebianischen zu Rath gezogen. Unter den 'vielen Büchern die er nachgeschlagen (*dum multa evolverem II,* 5, 7)' erwähnt er als vorzüglich ergiebig ein anonymes Verzeichniss der Regierungsjahre babylonischer Könige, und die zum Theil recht erlesenen Angaben, welche er demselben entnimmt, haben längst die Aufmerksamkeit der neueren Chronologen erregt [62]). So stark wirkte auch auf ihn der wundersame Reiz chronologischer Forschung, welche von jeher nur die Draussenstehenden abgestossen, die Eingetretenen aber bezaubert und leider oft verzaubert hat, dass, als diese Studien ihn beschäftigten, er sogar in die Briefe an seine Freunde chronologische Probleme und Bitten um deren Auflösung einstreute. Die verlegene Antwort des Paulinus von Nola (*ep.* 28 p. 174 *Mur.*) auf eine solche chronologische Zumuthung ist uns noch erhalten, und sie lässt deutlich erkennen, das Severus' Vorliebe für syn-

---

Kritisches [61]) Bei der grossen Seltenheit solcher kritischen Aeusserungen in der ecclesiastischen Litteratur wird man die fraglichen Worte des Severus hier gern vollständig lesen. Nach seinen eigenen Rechnungen hatte sich ihm das Intervall zwischen dem Auszug aus Aegypten und dem Beginn des salomonischen Tempelbaues auf 588 Jahre gestellt, während er in seinen Handschriften der Septuaginta, wie auch wir in den unsrigen, 1 *Reg.* 6, 1 die Summe von 440 Jahren, statt 480 der hebräischen Urschrift, angegeben fand. Hierüber spricht er nun folgendermaassen (*I,* 40, 1): *quarto fere imperii anno primum fundamentum (templi Salomon) iecit, a profectione Hebraeorum ex Aegypto anno fere octavo et octogesimo et quingentesimo. Licet libro Regnorum tertio CCCCXL. fuisse referantur, quod nequaquam convenit; siquidem per seriem superius comprehensam facilius fuerit, ut minus fortuassis annorum quam amplius annotaria. Sed non dubito, librariorum potius negligentia, praesertim tot iam saeculis intercedentibus, veritatem fuisse corruptam quam ut propheta erraverit; sicut in hoc ipso nostro opusculo futurum credimus ut descriventium incuria quae non incuriose a nobis sunt digesta vitientur.*

[62]) Ich begnüge mich mit der Verweisung auf Clinton *fast. Hellen.* p. 335 *ed.* Krüg., wie ich auch im Uebrigen ein näheres Eingehen auf die chronologischen Resultate des Severischen Werkes absichtlich vermeide, da sie für die litterärgeschichtliche Charakteristik desselben unwesentlich sind und mit Nutzen nur im Zusammenhang einer systematischen Darstellung der gesammten biblischen Chronologie behandelt werden können. — Von der praktischen Anwendung, welche Severus seinen chronologischen Studien gab, zeugt die Nachricht des Aldhelmus (*opera ed. Giles* p. 86) Paschalcyclus dass zu seiner Zeit (639–709) der alte Paschalcyclus von 84 Jahren, welcher sich auf den britischen Inseln so lange behauptet hat, dort *iuxta Sulpicii Severi regulam* im Gebrauch war. Eine weitere Verhandlung über diese Notiz findet man bei Van der Hagen *Animadv. in Prosperi chronicon* p. 343.

chronistische Verbindung der biblischen mit der allgemeinen Geschichte auf wenig Theilnahme bei seinen Zeitgenossen im Abendlande ausserhalb Aquitanien rechnen durfte. Paulinus, der gewesene Consul, gesteht, dass auch in jenen früheren Jahren, da er noch mit profaner Litteratur sich abgegeben, er doch immer den Historikern ausgewichen sei (*etiam in tempore veteri quo videbar* [s. Anm. 71] *legere neclegenda ab historicis scriptoribus peregrinatus sum*); er habe also seine Unfähigkeit zur Beantwortung der vorgelegten Fragen alsbald einsehen müssen und mit denselben nichts Besseres anzufangen gewusst als sie an den Ruffinus nach Aquileia zu senden; dieser sei der einzige Mann in ganz Italien, welcher in so gelehrten Nöthen vielleicht helfen könne.

Ob Ruffinus den gehegten Erwartungen entsprochen, erfahren wir nicht. Aber eine zuverlässigere Hilfe als sie dieser keineswegs durch Forschung hervorragende Mann gewähren konnte, fand Severus sicherlich auch für den chronologischen Theil seiner Arbeit an seinem eigenen Studium der 'heidnischen' Autoren, von welchem er sich, der Einleitung zufolge, einen so vielfachen Nutzen versprach. Wenn er — heisst es (oben S. 43) — zur Herstellung einer ununterbrochenen Kette von Epochen und Begebenheiten auch ausserbiblische Schriften gebrauche, so sollen dadurch die von klassischem Wissen Unberührten belehrt (*imperitos docerem*), aber zugleich sollen auch durch das Ineinandergreifen der ausserbiblischen und der biblischen Berichte die Gebildeten überführt werden (*litteratos convincerem*); das Gewicht so unabhängiger Zeugen, wie es die 'heidnischen' Historiker sind, soll den Glauben an die Geschichtlichkeit der Bibel bei den 'Gebildeten' verstärken. Mithin zeigt sich hier abermals von stofflicher Seite dasselbe was die Betrachtung der stylistischen Form der Chronik ergeben hat, dass nämlich Severus nicht blos auf die schon Gläubigen sein Absehen richtet, sondern vornehmlich auf solche, die es erst werden sollen; nur für ein Publicum, dem die klassische Geschichtschreibung vertraut, die Bibel aber fremd war oder nicht ohne Weiteres als wahre Geschichte galt, konnte die Verknüpfung des Neuen mit dem Altbekannten nöthig erscheinen um die Wahrhaftigkeit der Bibel zu erhärten; und nur seitens solcher Leser konnte Severus einen auf das Schweigen der klassischen Schriftsteller gestützten Einwand gegen biblische Erzählungen voraussehen, wie er ihn, freilich an sehr übel gewähltem Orte, nämlich bei der Analyse des apokryphen Buches Judith, zu entkräften [*]) sucht. Hingegen für die Glaubensstarken von der Art des ebenerwähnten Paulinus war das Schweigen der 'profanen' Scribenten eben so gleichgiltig wie ihr Reden, wenn es sich um biblische Dinge handelte; Männer dieser Richtung mussten sogar ein gewisses Unbehagen empfinden bei einem Durchein-

---

[*]) Nachdem er ein sehr beachtenswerthes Verzeichniss persischer Könige nach 'weltlichen' Schriftstellern (s. Clinton a. a. O.) gegeben, um seine Vermuthung zu begründen dass der Nabuchodonosor im Buche Judith mit König Ochus identisch sei, fährt er folgendermaassen fort *II*, 14, 7: *Ceterum illud nemini mirum esse oportebit quod scriptores secularium litterarum nihil ex his* (auf die Judith bezüglichen), *quae sacris voluminibus scripta sunt, attigerunt, Dei spiritu praevalente, ut intaminata* (s. Bentley zu Hor. Od. *III*, 2, 18) *ab ore corrupto et falsis vera miscente intra sua tantum mysteria contineretur historia, quae separata a mundi negotiis et sacris tantum vocibus proferenda permiserit cum aliis velut aequali sorte non debuit. Etenim erat indignissimum ut alia agentibus aut alia quaerentibus haec quoque cum reliquis miscerentur.* Hält man diese Aeusserung mit der Einleitung zusammen, so liesse sich die Ansicht des Severus über das Verhältniss zwischen Bibel und klassischer Historiographie dahin formuliren, dass er sie wie zwei Parallellinien dachte, die sich weder decken noch kreuzen, sondern neben einander laufen nach verschiedenen Zielpunkten (*alia quaerentibus*). Das Reden der Klassiker kann daher ein collaterales Zeugniss für, ihr Schweigen keinen Einwand gegen die Bibel ergeben.

andersprechen menschlicher und göttlicher Zeugen; und aus Rücksicht wiederum für diese andere Klasse von Lesern beschränkt sich Severus darauf, ein für alle Mal in der Einleitung die Ausbeutung 'heidnischer' Autoren, gleichsam als liege darin etwas Verfängliches, zu 'gestehen (*um pigebit fateri*)', während er namentliche Anführung derselben bei den einzelnen Thatsachen auf das Strengste vermeidet. Nur ein einziges Mal erscheint in unserem jetzigen Text der Chronik der Name eines Klassikers, der des Vergilius; aber die betreffenden Worte [44]) sind bereits von Sigonius aus anderen Gründen als eingeschobene erkannt worden; überall sonst werden die nichtbiblischen Quellen entweder ganz in der Stille benutzt, oder es werden nur in Bausch und Bogen 'weltliche Geschichtschreiber' und 'weltliche Bücher (*saecularia scripta, mundiales historici II, 14, 4: 7)*' genannt.

Durch diese Citatenscheu ist nun freilich der wissenschaftliche Gebrauch der nichtbiblischen, für den jetzigen Leser werthvollsten Bestandtheile der Chronik sehr erschwert; man wird für jede einzelne Nachricht erst den ungenannten Gewährsmann ermitteln müssen; und die grössere oder geringere Wahrscheinlichkeit, die dabei sich erreichen lässt, wird den Grad von Vorsicht oder Zuversicht zu bestimmen haben, mit welcher man das Dargebotene aufnehmen darf. Dass jedoch bei derartigen Combinationen die Wahrscheinlichkeit fast bis zur Gewissheit sich steigern kann, mag hier an dem Beispiele wenigstens Einer Nachricht gezeigt werden, die uns jetzt allein durch Severus überliefert und wichtig genug ist, um eine möglichst erschöpfende Besprechung aller in Betracht kommenden Umstände zu rechtfertigen.

Die Verheerung Jerusalems und seines Tempels tritt zwar mit der Verheerung Korinth's und Karthago's zu einer Reihe von drei Blut- und Feuerspuren zusammen, welche den Fortschritt der römischen Herrschaft in den drei besiegten Welttheilen bezeichnen, aber die Beweggründe zu dieser Vernichtungspolitik lassen sich bei der africanischen und griechischen Grossstadt viel leichter erkennen als bei der judäischen. Abgesehen von allen Eingebungen des Nationalhasses und der Handelseifersucht bietet schon die militärische Organisation der römischen Republik eine hinlängliche Erklärung, weshalb auf Befehl des römischen Senats der feine Scipio eben so wenig wie der rauhe Mummius sich damit begnügen durfte, die eroberte Stadt blos einzunehmen und dann zu schonen. Festungen und Sammelplätze von solcher Bedeutung wie Korinth und Karthago konnten nur durch starke Besatzungen auf die Dauer behauptet werden; und da die römische Republik ein stehendes Heer nicht besass, musste der aristokratischen Bequemlichkeit des Senats die Beschaffung der nöthigen Garnisonen sehr schwierig, und seiner aristokratischen Unerbittlichkeit musste es sehr einfach erscheinen, zu zerstören was ohne Ungelegenheit sich nicht

---

Interpolationen.

[44]) Die Erzählung vom Bel zu Babel beginnt *II, 8, 3: erat es tempestate apud Babylonios Beli antiquissimi regis, cuius etiam Virgilius meminit, ex aere simulacrum,* wozu Sigonius bemerkt: *non videtur Virgilius eundem Belum Babylonium intelligere, cum de Tyriis loquens dixit: (genitor tum Belus opimam Vastabat Cyprum (Aen. I, 621). Quare versor ut haec verba 'cuius etiam Virgilius meminit' affecta sint ab alio aliquo parum historiarum perito, et tumere deinde ex margine in textum irrepserint.* Auf die Maxime des Severus, Klassiker nicht namentlich zu citiren, scheint Sigonius nicht aufmerksam geworden zu sein, da er sonst wohl seine Ausmerzung der Marginalie auch auf diesen Grund gestützt hätte. — Dass frühe Leser der Chronik sich mit Nachtragen von Citaten am Rande beschäftigten, zeigt noch *II, 40, 5,* wo die Worte *ut sanctus Hilarius in epistolis refert* ebenfalls schon von Sigonius, wegen des gegen Severus' Gebrauch verstossenden *sanctus,* ausgeschieden sind. Vgl. Anm. 52.

besitzen liess. Aber als Jerusalem fiel, war das römische Kaiserthum und sein unzertrennlicher Begleiter, das stehende Heer, bereits ein ganzes Jahrhundert alt; man sieht nicht ein, warum das unterworfene Jerusalem und die Burg Antonia nicht eben so gut mit den erforderlichen Legionen hätten besetzt werden können wie das unterworfene Alexandria und die Insel Pharos, warum die flavischen Kaiser, welche mit den Grossthaten der Julier ihre eigenen Leistungen im britannischen Westen und im palästinensischen Osten so gern vergleichen liessen, es nicht vorgezogen haben, statt eines rauchenden Trümmerhaufens die Zierde und das Bollwerk einer herrlichen und festen Stadt, wie der Orient nur wenige aufwies**), dem Reiche zuzubringen, dessen Thron sie bestiegen. Wirklich müssen auch späterhin, als die kriegerische Hitze abgekühlt und die Herrschaft der ersten Flavier sowie der Ruf ihrer Milde befestigt war, solche Fragen der ruhig urtheilenden Welt sich aufgedrängt haben; und die Antwort, welche Titus entweder selbst gab oder gern gegeben hörte, liegt uns in seines Clienten Josephus Beschreibung des jüdischen Krieges noch jetzt vor. Der aufmerksame Leser dieses Buches findet, bei aller Zuverlässigkeit desselben im Grossen und Ganzen, sich doch oft daran erinnert dass es die Censur des Titus passirt hat; der Kaiser schrieb mit höchsteigener Hand den Befehl zu seiner Veröffentlichung (*Iosephi Vit.* 65); und besonders bei der Darstellung der Katastrophe von Jerusalem muss man sich zu kritischer Vorsicht gemahnt fühlen durch einen unverkennbaren Ton berechnender Absichtlichkeit; man erhält den Eindruck als wenn hier nicht eine Thatsache erzählt sondern eine Thesis vertheidigt werden soll. Josephus schärft es bekanntlich seinen Lesern wiederholt ein, dass die Römer auf Befehl des Titus Alles aufgeboten hätten um die Stadt und vornehmlich den Tempel zu retten; die verzweifelten Juden selbst hätten mit dem Anzünden der Tempelhallen den Anfang gemacht (*Bell.* VI, 2, 9); und die schliessliche Verwüstung sei durch ein brennendes Scheit herbeigeführt worden, welches ein römischer Soldat beim letzten Sturmangriff ungeheissen durch ein Fenster in das Innere des Tempels geworfen; die Lohe sei dann gleich mächtig emporgeschlagen; Titus' Befehle zum Löschen seien im Lärm der Schlacht überhört worden; und die später von ihm selbst geleiteten Löschversuche seien erfolglos geblieben (*Bell.* VI, 4, 5). So möglich dies Alles klingt, so auffallend muss es erscheinen, dass in der Verwirrung des Sturmes, die gerade Josephus als überaus entsetzlich schildert, dergleichen Einzelheiten mit solcher Genauigkeit bemerkt werden konnten; man wird daher, gemäss den sonst geltenden Regeln historischer Kritik, auch hier die Thatsächlichkeit alles seiner Natur nach schwer auszumittelnden Details auf sich beruhen lassen, wird in der Erzählung des Josephus nur eine von Titus approbirte Version erkennen, und statt viel zu forschen, auf welche Art während des Sturmes der Feuerbrand geworfen worden, wird man die Frage zurückverlegen in die Zeit vor dem Sturm und wird zu erfahren suchen, welchen Beschluss der römische Kriegsrath, der eine Entscheidung über diesen Punkt doch nicht umgehen konnte, gefasst hatte, ob die Anordnung des letzten Sturmes von der Absicht geleitet war, den Tempel möglichst zu schonen oder

---

**) Plinius H. N. V § 70 zählt unter den zehn judäischen Toparchien auf *Oriem, in qua fuere Hierosolyma, longe clarissima urbium Orientis, non Iudaeae modo*. Das Perfectum *fuere*, dessen nachdrücklichem, an *fuit Ilium* erinnernde Bedeutung Scaliger zu Eusebios N. 2140 bespricht, soll gewiss ein stilles Compliment für den Zerstörer Titus enthalten, dem ja Plinius sein Werk gewidmet hat. Daraus erklärt sich dann auch der maasslose Superlativ *longe clarissima urbium Orientis*.

ihn unter allen Umständen zu zerstören. Auch über diese Vorfrage giebt nun Josephus freilich eine Auskunft, welche zu der Rolle passt, die er den Titus durchweg spielen lässt. Drei Ansichten, erzählt er (*Bell. VI,* 4, 3), seien im Kriegsrath vorgebracht worden. Eine Partei habe auf absichtliche Zerstörung des Tempels unter allen Umständen gedrungen; denn so lange er aufrecht stehe, werde das Rebelliren kein Ende nehmen, da das Heiligthum für die Juden von überall her einen Sammelplatz abgebe (μὴ γὰρ ἂν ποτε 'Ιουδαίους παύσασθαι νεωτερίζοντας, τοῦ ναοῦ μένοντος, ἐφ' ὃν οἱ πανταχόθεν συλλέγονται). Eine andere Partei habe sich gescheut, ein religiösen Zwecken gewidmetes Gebäude geraden Weges zu zerstören und habe den Tempel schonen wollen, falls er von den Juden geräumt werde; sollten sie ihn jedoch vertheidigen, so höre er auf ein Tempel zu sein und dürfe wie ein Castell behandelt werden (φρούριον γάρ, οὐκέτι ναὸν εἶναι); die Schuld der Zerstörung falle dann denen zur Last, welche sie durch ihre Hartnäckigkeit unvermeidlich gemacht hätten. Aber diesen zwei Ansichten gegenüber habe Titus, und da drei von sechs Stimmführern der Versammlung ihm beigetreten, habe die Majorität sich entschieden für Schonung des Gebäudes, selbst wenn die Juden eine militärische Position daraus machen sollten; denn man kämpfe gegen Männer und nicht gegen leblose Mauern; die Zerstörung eines solchen Gebäudes sei ein Verlust lediglich für die Römer; durch die Erhaltung desselben werde ihrem Reiche eine Zierde gewahrt. Diesem Ausgange des Kriegsraths zufolge will nun Josephus in dem dennoch eingetretenen Tempelbrande ein von Titus tief beklagtes Werk des Zufalls oder vielmehr der göttlichen Fügung erkannt wissen; der Legionar, welcher 'ungeheissen' die zündende Fackel schleudert, soll von einem 'überirdischen Drange (δαιμονίῳ ὁρμῇ *VI.* 4, 5)' getrieben sein. Da man nicht gewohnt und meistens auch nicht im Stande ist, über Einzelheiten der Belagerung von Jerusalem anderswoher als aus dem Buche des Josephus sich zu belehren, so kann es nicht befremden, dass seine Darstellung jetzt die allein gangbare geworden ist, nach welcher nun Titus im Lager vor Jerusalem eben so liebenswürdig und milde, ja fast sentimental (*Bell. V,* 12, 4) erscheint, wie dieser 'Liebling des Menschengeschlechts' später auf dem römischen Thron sich benommen haben soll und in dem Drama des Racine sich benimmt. Irre an dieser Sentimentalität muss man freilich werden, wenn man in dem von jeher wenig gelesenen Argonauten-Gedicht des Valerius Flaccus eine Schilderung von Titus an der Spitze der Jerusalem stürmenden Legionen findet, die zu dem gewöhnlichen Charakter römischer Generale besser stimmt als das von Josephus entworfene Bild. Nun steht aber die Poesie jenes begabten Dichters zu dem flavischen Kaiserhause in eben so naher Beziehung wie die Historiographie des Josephus; denn nicht blos gewidmet ist das Gedicht dem Vespasianus; auch bei der Wahl des Stoffes hat die Absicht vorgewaltet, das glänzende Verdienst des Vespasianus um die Sicherung der römischen Herrschaft in Britannien und die Eröffnung der oceanischen Schiffahrt [*] in dem mythischen Spiegelbilde des durch die Argo eröffneten Pontos zu verherr-

---

Valerius Flaccus. [*] Diese Beziehung hebt der Dichter selbst hervor in der einleitenden Anrede an Vespasianus, welche zugleich einen Seitenblick auf die erloschene Dynastie der Julier und die erfolglose Expedition ihres Ahnherrn enthält (*I,* 7): *Tuque, o, pelagi cui maior* (als der Argonauten) *aperti Fama, Caledonius postquam tua carbasa vexit Oceanus* (s. Tacit. Agric. 13. 17), *Phrygios prius indignatus Iulos.* Unter diesem Gesichtspunkt gewinnen auch solche Stellen des Gedichts, wie *I,* 169, und besonders Jupiters Verkündigung des die *claustra maris* erschliessenden Römerreichs (*I,* 557) eine grössere Lebendigkeit. — Eine ähnliche Opportunität, wie sie Valerius in ausdrücklichen Worten seinem Werke zu verschaffen

lichen. Demgemäss sagen denn auch die einleitenden Verse von jedem der drei Flavier so viel Gutes, als ein gewandter Dichter sagen konnte; am meisten von Vespasianus, der damals den Thron inne hatte und dessen Laufbahn Stoff genug auch für aufrichtiges Lob gewährte; am wenigsten von Domitianus, der damals dem Throne fern stand und ausser thörichten Streichen nur noch Gedichte gemacht hatte; um daher diesen Prinzen nicht mit gänzlichem Stillschweigen zu übergehen, hilft sich Valerius durch eine Hindeutung eben auf seine versificatorischen Launen, indem er ihm als würdigsten Gegenstand seines Gesanges die Thaten seines Bruders Titus empfiehlt. Und da heisst es nun (*I*, 13), Domitianus möge den Titus schildern

geschwärzt von Jerusalems Schlachtstaub,
Wie er den Brandpfeil schleudert und wüthet auf jeglicher Zinne
(*Solymo nigrantem pulvere fratrem
Spargentemque faces et in omni turre furentem*).

Dergleichen Wendungen eines höfischen Dichters bedeuten nichts, und bedeuten viel. Nichts, wenn sie als direkte Zeugnisse für das wirklich Geschehene dienen sollen; viel, wenn es genügt zu erfahren was am Hofe gern gehört wurde. Im hiesigen Falle darf man mit Sicherheit annehmen, dass zur Zeit als Valerius Flaccus diese Verse schrieb, d. h. in den ersten Jahren nach dem jüdischen Krieg, die Schuld des Brandes von Jerusalem noch nicht auf einen unbotmässigen Legionar geschoben war, sondern Verehrer des Kaiserhauses, ohne Anstoss zu befürchten, dem Titus ein Verdienst daraus machen und sogar den Brandpfeil diesem Fürsten selbst in die Hand geben durften. Allein in noch ganz anders auffallender Weise als durch diese zwar lebhafte, aber doch allgemeine und kurze Andeutung des Dichters wird dem Josephus widersprochen durch die ruhige und bestimmte Erzählung, welche sich bei Severus vorfindet; sie befasst sich nicht mit den verworrenen Zufälligkeiten der tobenden Schlacht, sondern beschränkt sich auf den Kern der Frage, führt uns in das Feldherrnzelt des Titus, und berichtet über den Verlauf des letzten Kriegsraths in folgenden **[*]**) Worten (*II*, 30, 6):

'Es wird erzählt, Titus habe vorher einen Kriegsrath berufen und berathschlagt, ob er
'ein solches Bauwerk wie der Tempel sei zerstören solle. Einige nämlich meinten, man
'dürfe ein geweihtes Gotteshaus, das alles Menschenwerk überstrahle, nicht vernichten, da
'seine Erhaltung zu einem Zeugniss römischer Milde, seine Verwüstung zu einem unauslöschlichen
'Makel der Grausamkeit gereichen müsse. Andere dagegen und Titus selbst stimmten dahin, ge-
'rade den Tempel müsse man vornehmlich zerstören, damit der Juden und der Christen Glaube
'vollständiger ausgerottet werde. Denn diese Glaubensarten, obzwar einander gegenüberstehend,

---

sucht, lassen Zeit- und Ortsverhältnisse auch bei der früheren Bearbeitung derselben Argonautensage durch Varro Atacinus vermuthen. Denn wie das *bellum Sequanicum* dieses lieblichen gallischen Dichters schon in dem Titel seine Beziehung zu den Kriegen des von den Sequanern herbeigerufenen Ariovist anzeigt, so sind dessen Argonautika, die einzigen, welche die römische Litteratur ausser den valerianischen kennt, ohne auch durch die gleichzeitigen britannischen Unternehmungen Julius Cäsars angeregt worden. — Ein Seevolk, wie die Griechen waren, hatte zu allen Zeiten ein geneigtes Ohr für Seeabenteuer; bei den Römern, welche mit der 'heiligen Salzfluth' sich nie recht haben befreunden können, musste das Interesse für nautische Stoffe erst durch besondere Zeitereignisse geweckt werden.

*) Den lateinischen Text s. unten S. 57.

'seien doch von denselben Urhebern ausgegangen; die Christen seien aus den Juden entstanden; 'sei erst die Wurzel fortgeschafft, so werde auch der Stamm leicht zu Grunde gehen. Solcherweise 'ward, nachdem auf göttlichen Wink alle Gemüther sich entflammt hatten, der Tempel zerstört im 'dreihundert ein und dreissigsten Jahre vor dem jetzt laufenden.'

Der Gegensatz dieser Darstellung zu dem oben (S. 50) mitgetheilten Bericht des Josephus über den Kriegsrath und zu dem milden Benehmen, das er dem Titus durchgängig zuschreibt, konnte den Auslegern des Severus nicht entgehen, aber sie suchen so rasch als möglich über den kitzlichen Punkt hinwegzukommen. Der gelehrteste unter ihnen, Carolus Sigonius, bedient sich folgender Ausflucht: *credo, hoc ex ingenio suo expressisse Sulpicium*, welche, gleichwie mancherlei andere Seltsamkeiten dieses Commentars, aus den eigenthümlichen Umständen seiner Entstehung (s. den Anhang) zu erklären ist. Das *credo* nämlich bedeutet hier, wie so oft, dass Sigonius das nicht glaubt, was er sagt. Und in der That wäre eine viel grössere Glaubens- und eine viel geringere Urtheilskraft als Sigonius besass dazu erforderlich um Im Ernste zu meinen, Severus habe dies Alles 'aus seinem Kopfe ersonnen.' Denn, abgesehen einmal von allen in der Wortfassung enthaltenen Gegenbeweisen, hätte eine so umständliche Lüge in so bedeutungsvoller Sache doch einem Zwecke und zwar, nach dem ganzen Charakter des Severus zu schliessen, nothwendig einem christlich frommen Zwecke zu Liebe erdichtet sein müssen. Aber dergleichen Zwecke werden durch die herkömmliche josephische Erzählung, welche den Untergang des Tempels wider Willen der Römer im Wege des Zufalls, d. h. einer besonderen göttlichen Fügung, eintreten lässt, sehr gut erreicht, wie die vielen Predigten **) hierüber aus alter und neuer Zeit beweisen; die Darstellung des Severus dient solchen Zwecken sehr schlecht, indem sie das Ereigniss in den Bereich menschlicher Absicht zieht und in der schliesslichen Zerstörung blos eine Ausführung des von Anbeginn im Kriegsrath gefassten Beschlusses sehen will. Sogar dem Severus selbst war diese durch seinen Bericht bewirkte Vermenschlichung des gesammten Vorganges so deutlich und so unlieb dass er, um das Eingreifen Gottes nicht gänzlich zu missen, den Beifall, welchen die übrigen Mitglieder des Kriegsraths dem für die Zerstörung stimmenden Titus zollen, von einer auf 'göttlichen Wink' entstandenen Entflammung der Gemüther herleitet. Und ferner, was hätte einen Kirchenschriftsteller des fünften Jahrhunderts bewegen können, dem Titus, einem wegen seiner Tugenden allgemein gefeierten Kaiser, einen solchen, sonsther nicht bekannten, Christenhass anzudichten wie er in diesem Berichte hervortritt? Dass die frommen Fictionen die entgegengesetzte Richtung einschlugen und sogar dem Tiberius eine Hinneigung zum Christenthum beilegten, lehrt ein Blick auf die neutestamentlichen Apokryphen (*Fabric. cod. pseud. I,* 214). Kurz, die Annahme einer Erdichtung seitens des Severus hält auch vor der oberflächlichsten Prüfung nicht Stich; und der einzige methodische Weg, das Problem des Widerspruchs zwischen Josephus und Severus zu lösen, ist derjenige, welchen der neueste Herausgeber, Hieronymus de Prato, bereits betreten hat, freilich ohne das Ziel mit Festigkeit zu verfolgen. Dieser Priester des Oratoriums sagt ehrlich

---

**) Mit vorzüglichem Effect weiss Bossuet die *inspiration divine* des fackelschleudernden Legionars zu verwenden in den *réflexions particulières sur le châtiment des Juifs* (*Histoire universelle, seconde partie* § 8).

und einfach, 'es sei deutlich dass Severus den Josephus nicht zu Rath[**]) gezogen habe; die Quelle jedoch, aus der diese dem Josephus widersprechenden Nachrichten ihm zugeflossen, sei bisher nicht ermittelt.'

Versuchen wir also die Quelle zu entdecken. Dass Severus unter den 'heidnischen' Schriftstellern, aus denen geschöpft zu haben er in der Einleitung 'gesteht', vorzüglich den Tacitus für die einschlagenden Theile der römischen Kaisergeschichte ausgebeutet hat, setzen die folgenden Zusammenstellungen ausser Zweifel, und sie lehren zugleich dass er sich nicht mit blosser Wiedergabe des geschichtlichen Inhalts begnügt, sondern sich möglichst eng auch den taciteischen Worten anschliesst. Die Schandthaten Nero's, des Ersten der 'die Christen verfolgte[***]) wie stets jeder Böse die Guten' mag er nicht weitläufig beschreiben; nur in der Kürze will er sagen, derselbe sei nach Verübung der scheusslichsten und grausamsten Dinge endlich dahin gelangt, dass er seine Mutter umbrachte und dass er

Sever. Chron. II, 28, 2	*Tacit. Annal. XV*, 37
post etiam Pythagorae cuidam in modum solennium coniugiorum nuberet; inditumque imperatori flammeum, dos et genialis thorus et faces nuptiales, cuncta denique, quae vel in feminis non sine verecundia conspiciuntur, spectata.	*... uni ex illo contaminatorum grege (nomen Pythagorae fuit) in modum solennium coniugiorum denupsisset. Inditum imperatori flammeum, missi auspices, dos et genialis torus et faces nuptiales, cuncta denique spectata, quae etiam in femina nox operit.*

Unleugbar ist die Herübernahme eine wörtliche, aber sie ist darum doch keine mechanisch abschreibende, da aus den zwei merklicheren Abweichungen deutlich die Absicht hervorblickt. Tacitus' Worte *missi auspices* wurden fortgelassen, weil Severus die zum Verständniss derselben nöthigen antiquarischen Kenntnisse bei seinen Lesern nicht voraussetzen mochte; und weil das verhüllte *quae etiam in femina nox operit* immer noch zu nackt schien, ward es mit einer dichteren Verhüllung vertauscht.

In ganz ähnlicher Weise liegen Berichte und Worte des Tacitus dem nächstfolgenden Capitel des Severus zu Grunde, welches den Brand Roms erzählt und die auf diesen Anlass verübten Grausamkeiten gegen die Christen:

[**]) *Apparet sane Severum non consuluisse libros Iosephi de bello Iudaico .... sed unde haec Iosepho contraria habuerit adhuc incertum.* Auch sonst findet sich bei Severus keine Spur von direkter Benutzung des Josephus, dessen Nachrichten er nur dann kennt, wenn sie ihm durch Vermittelung der eusebianischen Chronik dargeboten waren. Die alte lateinische Uebersetzung des Josephus, deren Ursprung noch immer so dunkel ist, mag erst nach d. J. 403 sich verbreitet haben, und für das Nichtvorhandensein des griechischen Originals in Gallien bedarf es unter den damaligen litterärischen Verhältnissen keiner besonderen Erklärung.

[***]) Auch dieser folgendermaassen lautende Satz: *Hic primus Christianum nomen tollere aggressus est: quippe semper inimica virtutibus vitia sunt et optimi quisque ab improbis quasi exprobrantes aspiciuntur* enthält in seinen drei letzten Worten eine zwar nur stylistische Entlehnung aus Tacitus, der *Annal. XIV*, 62 auf Anlass des von Nero bei der Ermordung seiner Mutter gebrauchten und dann in Ungnade gefallenen Anicetus sagt *malorum factorum ministri quasi exprobrantes aspiciuntur.* — Dass damals in Gallien nicht blos Historiker wie Severus sondern auch Redner ganze Sätze des Tacitus fast unverändert sich aneigneten, zeigt Eumenius, der *Paneg. IX* c. 9 die Länge der Tage in Britannien mit Tacitus' Worten erklärt, wie bereits Lipsius zu *Tac. Agric.* 12 bemerkt hat.

Sever. Chron. II, 29, 1—3	Tacit. Annal. XV
Sed opinio omnium incidiam intendii in Principem retorquebat credebaturque Imperator gloriam innocandae urbis quaesisse. Neque ulla re Nero efficiebat quin ab eo iussum incendium putaretur. Igitur certit invidiam in Christianos actaeque in innoxios crudelissimae quaestiones, quin et nocae mortes excogitatae, ut ferarum tergis contecti laniatu canum interirent. Multi crucibus affixi aut flammis usti. Plerique in id reservati ut cum defecisset dies in usum nocturni luminis urerentur.	c. 40 . . . . videbaturque Nero condendae urbis novae . . . . . . gloriam quaerere. c. 44. sed non ope humana, non largitionibus principis aut deum placamentis decedebat infamia, quin iussum incendium crederetur. Ergo abolendo rumori Nero subdidit reos et quaesitissimis poenis affecit, quos per flagitia invisos vulgus Christianos appellabat . . . Et pereuntibus addita ludibria ut ferarum tergis contecti laniatu canum interirent aut crucibus affixi aut flammandi atque ubi defecisset dies in usum nocturni luminis urerentur.

Auch hier zeigt sich wörtliche Herübernahme als die Regel, und für jede grössere oder kleinere Aenderung ist der Grund unschwer einzusehen, sogar weshalb gleich zu Anfang *videbatur* des Tacitus in *credebatur* geändert wurde; nämlich deshalb, weil *rideri* ohne Dativ bei Severus und seinen Zeitgenossen die Bedeutung 'scheinen (δοκεῖν)' zu verlieren anfängt, und vorwiegend für 'erscheinen (cerni, φαίνεσθαι)' gebraucht wird, um eine offenkundige Thatsache [71]), aber nicht einen Verdacht wie er hier vorliegt, zu bezeichnen. — *Innorandae urbis* tritt an die Stelle von *condendae urbis novae*, weil diese letztere Wendung ausserhalb des taciteischen Zusammenhanges leicht so missverstanden werden konnte als handle es sich um Gründung einer anderen Stadt in anderer Gegend. — Aus gleicher Ursache muss man mit dem matten *neque ulla re* vorlieb nehmen statt der taciteischen Aufzählung *non ope humana* etc., weil diese nur die früheren von Severus ausgelassenen Abschnitte des Tacitus recapitulirt, und daher ohne dieselben undeutlich sein würde. — Das prägnante *iussum incendium* des Tacitus war für Severus eben zu prägnant; er hat es also durch *ab eo* erläutert und gedämpft; und am Schluss des Sätzchens hat er *crederetur*, weil diese Wortwurzel jetzt zu bald nach dem kurz vorher gebrauchten *credebatur* wiedergekehrt wäre, mit *putaretur* vertauscht. — Die folgenden Abweichungen sind wohl nur aus dem Bestreben hervorgegangen, den vollen Ton der taciteischen Sprache bis zum Einklang mit der sonstigen anspruchslosen Redeweise des Severus herabzustimmen; und *per flagitia incisos* musste ohnehin aus sachlichen Gründen in das gerade Gegentheil *innoxios* umgeschrieben werden. — Gegen Ende des Ganzen kann dann wieder eine fast vollständige Wörtlichkeit beobachtet werden. Nur musste Severus, da seine Handschrift des Tacitus schon an denselben oder an ähnlichen Fehlern litt wie die unsrigen, sich Auflösung der Satztheile und Einschiebung stützender Wörtchen gestatten, um eine deutliche Erzählung liefern zu können. Das ursprünglich von Tacitus [71]) Geschriebene aus der ver-

---

[71]) S. die oben S. 47 angeführten Worte des Paulinus und die reiche Sammlung in dem *glossarium nominum* zum theodosianischen Codex s. v. *rideri*. — Unter den vielen Stellen des Severus ist besonders beweisend für diesen Gebrauch *Chron.* I, 7, 4, wo Abraham seinem Knecht Eliezer befiehlt, für Isaac eine Frau zu wählen *ex ea tamen tribu atque terra de qua ipse oriundus videbatur*. Vgl. Anm. 75.

[72]) Die von neueren Herausgebern in den Text gesetzte Conjectur *flammati*, statt des handschriftlichen *flammandi*, lässt die wesentlichste Schwierigkeit unberührt, welche in dem doppelten *aut* liegt und in der dadurch bewirkten Isoli-

wirrten handschriftlichen Ueberlieferung in überzeugender Weise wiederherzustellen ist bis auf den heutigen Tag nicht gelungen.

Diese Beispiele erweisen also, dass Severus aus den Annalen des Tacitus diejenigen Nachrichten über die neronische Regierung fast wörtlich ausgezogen hat, welche in Beziehung stehen zu den Christenverfolgungen, einem mit besonderer Ausführlichkeit behandelten und in der Einleitung (s. oben S. 43) hervorgehobenen Gegenstande des nachbiblischen Theiles seiner Chronik. Um denselben Autor nun auch auszubeuten für die mit der Geschichte der Flavier zusammenhängende Zerstörung Jerusalems, deren Schilderung ebenfalls in der Einleitung versprochen wird, brauchte Severus nicht einmal nach einem anderen Werke zu greifen, da bekanntlich schon im vierten Jahrhundert die taciteischen Annalen und Historien zu einem Corpus von dreissig Büchern vereinigt waren. Wir freilich suchen jetzt in dem erhaltenen Rest der Historien vergebens nach dem 'Todestage der berufenen Stadt', dessen Beschreibung Tacitus zu Anfang des fünften Buches verheisst (c. 2 *famosae urbis supremum diem tradituri sumus*). Nur den Beginn der Belagerung Jerusalems finden wir erzählt (c. 13); die Abschnitte, welche den Sturm und die Zerstörung enthielten, sind uns durch das Missgeschick entrissen, welches die zweite Hälfte des fünften und alle übrigen Bücher der Historien betroffen hat. Dass jedoch als Severus schrieb die Historien noch nicht die jetzige Verstümmelung erlitten hatten, bezeugt sein Zeitgenosse Orosius [73]), der unter namentlicher Erwähnung des Tacitus grössere Stellen wörtlich mittheilt über Ereignisse, welche in die spätere Regierung des Vespasianus und in die des Domitianus fallen, mithin nur in dem jetzt verlorenen Theil der Historien besprochen sein konnten. Von allen Seiten her sammeln sich also die Anzeichen, welche dem taciteischen Ursprung des Severischen Berichts über den Kriegsrath einen so

---

rung der Worte *crucibus affixi* von der vorhergehenden und folgenden Todesart. Denn die Kreuzigung an sich, obgleich sie nach römischen Begriffen beschimpfend ist, enthält doch, zumal da die Gemarterten schwerlich römische Bürger waren, nicht einen solchen 'Hohn', dass Tacitus sie auf gleiche Linie hätte stellen dürfen mit dem Todtheizen nach vorherigem Einnähen in Thierfelle und mit dem Verbrennen als Beleuchtungsmaterial. Da das unsicher tastende Verfahren des Severus zeigt dass die Stelle sehr früh in Unordnung gerathen war, so sei mit der in solchen Fällen gestatteten Kühnheit folgende Schreibung vorgeschlagen: *aut crucibus affixi et flamma d[i]s[s]erto[s] ubi def[ec]isset dies in usum nocturni luminis urerentur*. Nachdem in *dieserati*, für welches Severus das einfachere aber neben *urerentur* unbrauchbare *uti* setzt, die Buchstaben *rez* unleserlich geworden, hat man *di* zu *flamma* gezogen und daraus *flammandi* gemacht; *ati* ward dann zu *aly*. Hiernach wäre zu übersetzen: 'oder sie wurden an Kreuze genagelt und mit Feuer gequält bis sie endlich, nachdem der Tag gewichen, zur Erleuchtung des nächtlichen Dunkels verbrannt wurden.' Es werden also nur zwei verhöhnende Todesarten geschildert, erstlich das Einnähen in Thierfelle und zweitens das Verbrennen, zu welchem *crucibus affixi* nur die Vorbereitung enthält; deutlich ergiebt sich dies aus dem Brief der Smyrnäischen Gemeinde über den Feuertod des Martyrers Polykarpos c. 13: εὐθέως οὖν αὐτῷ (Πολυκάρπῳ) παριστίθετο τὰ πρὸς τὴν πυρὰν ἡρμοσμένα ὄργανα, μελλόντων δὲ αὐτῶν καὶ προσηλοῦν αὐτόν, εἶπεν "ἄφετέ με οὕτως. ὁ γὰρ δούς μοι ὑπομεῖναι τὸ πῦρ δώσει καὶ χωρὶς τῆς ὑμετέρας ἐκ τῶν ἥλων ἀσφαλείας ἀσκύλτως ('ohne dass mein Körper durch die Nägel zerrissen wird' nach der Lesung bei Eusebios *H. E.* IV, 15) ἐπιμεῖναι τῇ πυρᾷ." Οἱ δὲ οὐ καθήλωσαν μέν, ἔδησαν δὲ αὐτόν. Feuerqualen, wie sie Tacitus beschreibt, kamen noch während der Christenverfolgung unter Diocletian zur Anwendung. In der Schrift *de mortib. persecut.* c. 13 heisst es von Einem, der das kaiserliche Edict herabgerissen hatte, *non modo extortus sed etiam legitime coctus cum admirabili patientia postremo assatus est*; und eine weitläufigere Schilderung derselben Martern findet sich c. 21: *Dignitatem non habentibus poena ignis fuit. Id aestri primo adversus Christianos permiserat (Maximianus), datis legibus ut post tormenta damnati lentis ignibus urerentur. Qui cum deligati fuissent, subdebatur primo pedibus lenis flamma* (vgl. Tacitus) *tamdiu donec callum solorum contractum igni ab ossibus revelleretur. Deinde etc.*

[73]) Die Stellen sind in den älteren Ausgaben des Tacitus unter den *Testimonia* und bei Ritter *prol.* p. XXXIII ausgeschrieben.

hohen Grad äusserer Wahrscheinlichkeit verschaffen, dass dieselbe nur durch einen zwingenden Nachweis innerer Unmöglichkeit entkräftet werden könnte. Aber die Prüfung sowohl des geschichtlichen Gehalts wie der Wortfassung dient nur dazu, die Wahrscheinlichkeit noch höher zu steigern. Zuvörderst der Widerspruch gegen Josephus kann für die Annahme dass wir Tacitus vor uns haben nicht anders als empfehlend sein. Tacitus hat es verschmäht, aus den josephischen Schriften sich da zu belehren wo er aus ihnen etwas hätte lernen können, und hat lieber mit hochmüthiger Unwissenheit über die ältere jüdische Geschichte und über die jüdischen Gesetze die abenteuerlichsten Verkehrtheiten in prächtiger Sprache zu Markte gebracht; wie viel weniger wird der Römer um den Juden sich da gekümmert haben wo es galt, römische Kriegspläne und Vorgänge im römischen Kriegsrath zu erkunden. Ueber solche Dinge mussten einem Manne von Tacitus' gesellschaftlicher Stellung neben den veröffentlichten Schriften auch noch geheime Aufzeichnungen und mündliche Nachrichten der zuverlässigsten Art zu Gebot stehen, bei deren Verarbeitung er, da er erst nach Beseitigung des Domitianus die Feder ergriff, an keine von allen den Rücksichten gebunden war, welche das unter Censur der Flavier erschienene Werk ihres jüdischen Clienten beherrschen. Noch jetzt sind wir im Stande, wenigstens den Namen eines sicherlich von Tacitus befragten Zeugen zu entdecken, und schon mit Hilfe des blossen Namens den hohen Werth seines Zeugnisses gerade in der vorliegenden Sache zu ermessen. Der unter den Antoninen schreibende Minucius [76]) Felix erwähnt ein von jüdischen Dingen handelndes Buch eines Antonius Julianus. Von dem Buche ist bisher keine weitere Spur gefunden worden. Aber des Verfassers Name drängt die unabweisbare Vermuthung auf, welcher sogar der keineswegs conjecturensüchtige Tillemont sich nicht erwehren konnte, dass dieser Julianus identisch ist mit dem Procurator von Judäa Marcus Antonius Julianus, welchen Josephus (*Bell. VI*, 4, 3) als eines der sechs Mitglieder des Kriegsraths aufführt und für Zerstörung des Tempels stimmen lässt. Dass Tacitus die Schrift eines so hochgestellten römischen Augenzeugen unbeachtet gelassen, wäre eben so befremdlich wie seine Vernachlässigung des Josephus natürlich ist; und demnach könnten wir, wenn diese Combinationen sich bewähren, die Quelle des Severischen Berichts noch über Tacitus hinaus bis vor die Mauern des belagerten Jerusalem verfolgen. — Wie sehr ferner Tacitus vor anderen klassischen Historikern es liebt bei Verhandlungen im Kriegsrath am Vorabend entscheidender Ereignisse länger zu verweilen, und mit welcher Kunst er die Begründung der verschiedenen Meinungen benutzt, um den tieferen Zusammenhang der militärischen und politischen Verhältnisse darzulegen. müssen Leser, welche für historiographische Composition ein Auge haben, besonders in den Historien (*II*, 32; 82. *III*, 2) bemerken, weil dieses Werk viel dichter als die Annalen mit kriegerischen Begebenheiten angefüllt ist. Der Kriegsrath vor Jerusalem bot nun dem Tacitus eine bequeme Gelegenheit zur Aeusserung seines Judenhasses und zur Entwickelung seiner Ansicht von der Gefährlichkeit des Christenthums für den römischen Staat; Alles was er darüber in Ueber-

---

Antonius Julianus [76]) *Octav. c.* 33 lässt er den Christen Octavius sagen, Glück oder Unglück der Juden sei nach göttlichen Gesetzen als Belohnung für ihre Frömmigkeit oder Strafe für ihre Sünden eingetreten; zum Beweise: *Scripta eorum relege, vel si Romanis magis gaudes, ut transeamus veteres, Flavii Iosepi vel Antonii Iuliani de Iudaeis require*. Josephus wird wohl, weil er nicht blos hebräisch geschrieben und weil er das römische Bürgerrecht erhalten hatte (*Vita c.* 76), zu den *Romani* gerechnet. — Tillemont spricht über den Julianus *histoire des Empereurs I p.* 1121 der Octavausg.

einstimmung mit den meisten römischen Grossen dachte, brauchte hier nicht erst wie in den Annalen (XV, 44) episodisch eingeschoben zu werden, sondern liess sich unmittelbar zur Beleuchtung des vorgeschlagenen Kriegsverfahrens verwenden und war daher wohl noch viel härter und ausführlicher gesagt als es der excerpirende Severus abzuschreiben für gut fand, der ja auch oben (S. 54) *per flagitia incisos* ohne Weiteres in *innoxios* änderte. — Was endlich die sprachliche Beschaffenheit dieser Severischen Stelle betrifft, so trägt sie wenigstens eben so viel taciteische Farbe wie die zwei anderen (oben S. 53, 54), bei welchen die Entlehnung urkundlich nachweisbar und längst allgemein anerkannt ist. Dies wird sich am leichtesten darthun lassen, wenn wir vermuthungsweise auch hier dem Severischen Text eine Fassung gegenüberstellen, die, fern von der Vermessenheit verbürgen zu wollen was Tacitus geschrieben hat, nur anschaulich machen soll, wie wenige und von welcher Art diejenigen Severischen Worte sind, welche Tacitus nicht geschrieben haben kann.

Sever. Chron. II, 30. G

Fertur Titus adhibito consilio prius deliberasse an templum tanti operis everteret. Etenim nonnullis videbatur[16]*), aedem sacratam ultra omnia mortalia illustrem non debere deleri, quae servata modestiae Romanae testimonium, diruta perennem crudelitatis notam praeberet. At contra alii et Titus ipse evertendum templum imprimis censebant, quo plenius Iudaeorum et Christianorum religio tolleretur. Quippe has religiones, licet contrarias sibi, iisdem tamen auctoribus profectas; Christianos ex Iudaeis exstitisse; radice sublata stirpem facile perituram. Ita Dei nutu accensis omnium animis templum dirutum abhinc annos trecentos triginta et unum.*

... *Titus adhibito consilio deliberavit an templum tanti operis everteret. Etenim [Ginio et Gaio] videbatur, aedem sacratam [inter omnes mortales nobilem] non debere deleri, quae servata modestiae Romanae testimonium, diruta perennem crudelitatis notam praeberet. At contra [Gaius et Gaius] et Titus ipse evertendum templum imprimis censebant, quo penitus Iudaeorum et Christianorum [superstitio] tolleretur. Quippe has [superstitiones], licet contrarias sibi, iisdem tamen auctoribus profectas; Christianos ex Iudaeis exstitisse; radice sublata stirpem facile perituram.*

Man übersieht nun mit Einem Blick dass die wenigen Aenderungen alle entweder durch das Christenthum des Severus oder durch die compendiöse Anlage und sonstige Eigenthümlichkeit seiner Chronik veranlasst sind. In die letztere Kategorie fällt gleich zu Anfang das Wort *fertur*, welches statt des namentlichen Citats gewählt wurde, weil, wie oben (S. 48) ausgeführt ist, Severus es sich zum Gesetz macht, die einzelnen von ihm benutzten klassischen Autoren nicht mit Namen zu nennen. Während daher in Schriften, die von solcher Citatenscheu frei sind, *fertur* nur ein unbestimmtes Gerücht andeuten würde, weist es hier, wie in den meisten Compendien, vielmehr auf einen bestimmten Gewährsmann. Allbekannte und unbestreitbare Thatsachen durfte Severus aus eigenem Munde erzählen; bei einer Nachricht dagegen, welche so versteckte Dinge

---

[16]) *Videbatur* brauchte hier nicht vermieden zu werden, weil der nebenstehende Dativ vor der oben (Anm. 71) erwähnten Zweideutigkeit schützt. — Weiterhin ist wohl auch bei Severus statt *quo plenius* zu schreiben *quo penitus*, ein von ihm mit Vorliebe gebrauchtes Wort (*I,* 15, 1; *II,* 37, 1 und 2), von welchem er sogar den alterthümlichen Comparativ anwendet *I,* 35, 9 *David qui penitius ingenium velit perspectum haberet*.

wie einen Kriegsrath berührt, schien ihm Berufung auf fremde Erzählung nöthig, eben um eine Unterstellung des Ersinnens, wie Sigonius sie gewagt hat, von vorneherein auszuschliessen. Tacitus hat natürlich, nachdem er einmal auf den Gang der Debatte im Kriegsrath sich eingelassen, darüber nicht gerüchtweise sondern, wie in den oben (S. 56) angegebenen ähnlichen Fällen, unter eigener Verantwortung berichtet. Ebenso gewiss ist es und durch dieselbe Analogie empfohlen dass Tacitus die verschiedenen Meinungen von bestimmten und namentlich bezeichneten Räthen vortragen liess, wie es ja auch Josephus (*Bell.* VI, 4, 3) thut; nur müssen die Personen bei Tacitus anders als bei Josephus vertheilt gewesen sein, da das Ergebniss der Berathung ein entgegengesetztes ist. Severus übergeht nach Excerptorenart die untergeordneten Namen; Titus allein scheint ihm einer ausdrücklichen Erwähnung würdig, die Anderen treten zurück als *nonnulli* und *alii*. — Aus religiösen Gründen mussten alsdann die von Tacitus, wie von jedem Klassiker in solchem Falle, gebrauchten Wörter *superstitio* und *superstitiones* den kirchlich unklassischen *religio* und *religiones* weichen; und in ähnlichen Rücksichten ist wohl auch der Ursprung der überschwänglichen Phrase *ultra omnia mortalia illustrem* zu suchen, von der es kaum gesagt zu werden braucht, dass sie weder über die Lippen eines römischen Generals noch aus der Feder eines römischen Schriftstellers je gekommen ist. Da sie aber nicht blos dem Sinn nach überschwänglich, sondern auch im Ausdruck etwas geschraubt erscheint, so darf man sie vielleicht entstanden denken aus umbiegender Verwendung solcher Worte wie die beispielsweise vorgeschlagenen *inter omnes mortales nobilem*. Diese wollen im guten Latein [16]) nicht so gar viel besagen, wenigstens nicht mehr als zu deutsch 'bei allen Leuten bekannt'; und weil dies Severus nicht ehrerbietig genug fand, mag er es geändert haben. — Hiermit sind nun die nichttaciteischen Bestandtheile erschöpft; alles Uebrige hat entweder taciteischen Klang oder doch keinen untaciteischen. *Templum tanti operis* [17]) ist recht gewählt; nicht minder erinnert *modestia Romana* im Sinn von *moderatio* an den Lobspruch, welchen Tacitus *Annal.* I, 9 der augusteischen Regierung ertheilen lässt, *ius apud cives, modestiam apud socios*; und *aedem sacratam* ist so nüancirt wie es im Munde eines Römers auf den vorliegenden Fall passt Denn ein provinziales, ohne Autorität des römischen Volkes geweihtes Heiligthum ist zwar nicht *sacrum*, kann jedoch *pro sacro* behandelt werden (Gaius *Inst.* II, 7); und dass einzelne römische Kriegsmänner das Göttliche an einem jüdischen Gotteshause zu achten rathen [18]),

---

[16]) Man denke an Stellen wie *Sall. Iug.* 28 wo Jugurtha seine Gesandten beauftragt *omnes mortales pecunia aggrediantur*.

[17]) Da Orosius die vollständigen Historien benutzte (s. Anm. 73), so darf man wohl in dem ähnlichen Gebrauch von *opus* und in seinen übrigen ungewöhnlich gewählten Worten VII, 9 *Quod* (*templum*) *postquam in potestatem redactum opere atque antiquitate suspexit, diu deliberavit utrum tamquam incitamentum hostium incenderet an in testimonium victoriae reservaret* Anklänge an Tacitus vermuthen; sie haben sich bereits Mörner'n (*de Orosii ritu* p. 155) aufgedrängt, obschon derselbe eine Vergleichung mit Severus nicht anstellt. Dass Orosius auf die ihm bei Tacitus vorliegenden Motive der Zerstörung nicht näher eingeht, erklärt sich aus seiner entschiedenen und mit dem Plan seiner Schrift eng zusammenhängenden Tendenz, die früheren Kaiser als Christenfreunde darzustellen; er hat das Christenthum des Tiberius recht behaglich ausstaffirt (VII, 4) und lässt Hadrians Verbot Jerusalem zu betreten nur Juden und nicht Christen treffen (VII, 13 *Christianis tantum civitate permissa*, worüber Scaliger zu Eusebios 2148 kurz und bündig urtheilt: *quod vanissimum*). — Zu beachten ist ausserdem, dass auch Orosius nichts von der 'zufälligen' Verbrennung des Tempels weiss, sondern mit dürren Worten sagt: *Titus imperator ab exercitu pronuntiatus templum in Hierosolymis incendit ac diruit.*

[18]) Als Pompeius die Schätze des von ihm eroberten jüdischen Tempels unangetastet liess, wollte Cicero diese Enthaltsamkeit nur aus der Furcht vor Verläumdung wegen Unterschleifs aber nicht aus der Achtung vor dem Tempel-

ist bei der Weitsinnigkeit, welche für die orientalischen Culte seit lange gehegt wurde, eben so wenig auffallend wie es z. B. die dem Tempel der Himmelskönigin zu Karthago verliehenen Corporationsrechte sind (Ulpianus *fr.* 22, 6). *Sacrare aedem* für *consecrare* findet sich bei Tacitus auch *Annal. II*, 49, während Severus sonst von dem jüdischen Tempel nicht *sacrata* sondern das gewöhnliche *sacra aedes* (*II*, 10, 1) gebraucht. — Endlich ist *quippe* für *nam* innerhalb eines Referats fremder Meinungen in abhängiger Rede echt taciteisch (z. B. *Annal. I*, 79; *Hist. II*, 66); in der Severischen Chronik ist es ausser an diesem Orte wohl nicht nachzuweisen; und auch in direkter Rede scheint es nur in Stellen von taciteischem Colorit (s. Anm. 70) vorzukommen.

Darf nun nach diesem Allen Tacitus statt Severus als Zeuge mit Josephus confrontirt werden, so gewinnt, wenn wir die bisher zerstreut hervorgetretenen Umstände vereinigt überblicken, das historische Problem folgende Gestalt:

Ueber einen römischen Kriegsrath liegen zwei Berichte vor, welche den Inhalt der zur Verhandlung gekommenen Ansichten ohne wesentliche Abweichung angeben, sich aber schnurstraks widersprechen in den Angaben über die Vertreter dieser Ansichten und über den endgiltig gefassten Beschluss. Der eine Bericht, nach welchem Cäsar Titus die Schonung des jüdischen Tempels befürwortet und durchgesetzt hätte, die trotzdem eingetretene Verwüstung aus einem Zufall entstanden wäre, ward unter Titus' Augen von seinem ergebenen Schützling Josephus zu einer Zeit redigirt als der Kaiser für einen milden Charakter galt und gelten wollte. Der andere Bericht ward verfasst als nicht blos Titus gestorben sondern auch seine Dynastie erloschen war; er lässt den Zufall aus dem Spiele und sieht in der schliesslichen Zerstörung die Ausführung eines Beschlusses, welchen Titus als Leiter des Kriegsraths aus gewichtigen Gründen der inneren Reichspolitik empfohlen hatte. Der Urheber dieses anderen Berichts ist Tacitus, d. h. ein Geschichtschreiber, der nach Zeitverhältnissen und gesellschaftlicher Stellung in der Lage war, über die Vorgänge im Kriegsrath sich mittelbar oder unmittelbar von unabhängigen Mitgliedern des römischen Generalstabes unterrichten zu lassen. — Man darf wohl wie der alte Scaurus (*Asc. in Scaur. p.* 22 *Or.*) fragen: 'Wem glaubt Ihr, Quiriten?'

Glaubt man nun aber hinsichtlich der Katastrophe dem durch Severus aufbewahrten Bericht des Tacitus, so müssen auch hinsichtlich der Aufforderungen zum Frieden und zur Ergebung, welche nach Josephus' Erzählung (*Bell. V*, 9, 2; *VI*, 2, 3; *VI*, 6, 2) während der Belagerung die Römer an die Juden zu richten nicht müde wurden, schwere Bedenken aufsteigen wenn man bei Severus das gerade Gegentheil gesagt findet, dass nämlich die Belagerten 'weder zu einem friedlichen Abkommen noch zur Uebergabe zugelassen worden' und daher eine Hungersnoth ausgebrochen sei, welche nun noch düsterer als bei Josephus in einer Weise geschildert wird, die unwillkührlich [79]) an Tacitus' Pinsel erinnert. Gewiss spricht hier die Analogie des römischen

---

gut als solchem erklärt wissen, *pro Flacco* 28 § 63: *non enim credo religionem et Iudaeorum et hostium imprimendo prae- Pompeio. standissimo imperatori sed pudorem fuisse.* Was Cicero 'nicht glauben' mag, war offenbar von den Anklägern des Flaccus behauptet worden und war wohl auch die allgemein verbreitete Meinung.

[79]) *II*, 30, 3 *Interea Iudaei obsidione clausi, quia nulla neque pacis neque deditionis copia dabatur, ad extremum fame interibant passimque vias oppleri cadaveribus corpore, victo iam officio humandi; quin omnia nefanda sacra super auai* (diese vortreffliche Lesart des Vaticanus ist, weil man das dem Ablativ nachgesetzte *super* nicht verstand, bei Flacius durch die

Kriegsbrauchs gegen die von Josephus gepriesene Milde; die früheren Kaiser so wenig wie der republicanische Senat pflegten Rebellen zum Pacisciren aufzufordern; und es wäre für die Flavier wahrlich ein glanzloser Regierungsantritt geworden, wenn sie statt Münzen mit der Trauergestalt der 'gefangenen Judäa' schlagen zu können, von Jerusalem hätten abziehen müssen wie Mancinus von Numantia. Ist daher wirklich Josephus so oft wie er angiebt als Parlementär an die Belagerten abgesandt worden, so mag das zu augenblicklichen strategischen Zwecken geschehen, und die angebotenen Bedingungen werden der Art gewesen sein, dass man ihre Zurückweisung von vornherein voraussah; oder auch, man war entschlossen, sich eintretenden Falles über dieselben eben so hinwegzusetzen wie Vespasianus sein den Gefangenen von Taricheä gegebenes Wort mit einer treulosen Härte gebrochen hat, welche selbst Josephus nicht zu bemänteln vermag und daher möglichst rasch erzählt (*Bell. III*, 10, 10). Tacitus nun aber und der ihm folgende Severus hatten keine Aufforderung, die Gutmüthigkeit der flavischen Dynastie herauszustreichen; sie lassen daher die Friedensanträge als unwesentliche ausser Acht und geben den leitenden Gedanken der römischen Kriegführung dahin an, dass ein friedlicher Ausgang unmöglich geworden und vernichtende Unterwerfung das alleinige Ziel war, welches in vorwiegender Rücksicht auf die religiösen und socialen Bewegungen im Innern des gesammten Reiches man von Anfang an sich gesteckt hatte *). Dieser allgemeinen Rücksicht, welche für Pompeius, den ersten römischen Eroberer Jerusalems, bei der damaligen Ungefährlichkeit der jüdischen Diaspora noch nicht bestanden hatte, glaubten die Flavier den persönlichen Ruhm und Vortheil opfern zu müssen, der aus der Schonung und dem Besitz einer Stadt wie Jerusalem ihnen erwachsen wäre. Denn auch die stärkste Besatzung hätte die Ruhe nur im nächsten Umkreise zu sichern vermocht; aber da über Italien und die meisten Provinzen hin Juden wie Christen verbreitet waren und beide, wie man meinte, in Jerusalem ihre religiöse 'Wurzel' ehrten, so fürchtete man, das blosse Dasein der Tempelstadt und des Tempels werde wie eine Sturmfahne unaufhörlichen Aufruhrs wirken. Um die Provinzen vor Ruhestörungen zu bewahren verhängte daher das Kaiserthum, trotz der veränderten militärischen Verhältnisse, über Jerusalem dasselbe Schicksal, welches Karthago und Korinth von der Republik

---

Hungersnoth in Jerusalem. sinnlose Interpolation *nefanda insuper ausi* verdrängt) *ne humanis quidem corporibus pepercerunt, nisi quae eiusmodi alimenti's labos praeripuerat*. Bei dieser Stelle konnte sogar De Prato den Gedanken an Tacitus nicht unterdrücken. Seine Anmerkung zu den Worten *neque pacis neque deditionis* macht auf den Widerspruch gegen Josephus aufmerksam und schliesst folgendermassen: *Verum haec et alia quae infra traduntur cum Iosephi historia minus congruentia hic fortasse hausit ex Taciti Hist. libro V. quem nos extrema sui parte mutilatum habemus, in qua Hierosolymorum supremum diem ac tradituram initio proficiteor. Die Worte alia quae infra traduntur* beziehen sich in De Prato's Sinn nur auf das Versehren der Leichname, welches, wie er in einer späteren Anmerkung hervorhebt, bei Josephus *Bell. VI*, 7, 3 nicht als eingetretene Thatsache, sondern nur als eine drohende, jedoch durch die baldige Einnahme der Stadt verhinderte Möglichkeit erwähnt wird um durch eine Hyperbel die Wildheit der Zeloten zu schildern. — Es ist recht bezeichnend für den kritischen Kleinmuth des guten De Prato, dass er die hier gewonnene Einsicht über die Quelle des Severus nicht auch auf den Bericht hinsichtlich der Tempelzerstörung auszudehnen wagte, dessen Ursprung er in den oben Anm. 69 mitgetheilten Worten schlechthin für 'ungewiss' erklärt.

Vespasianus Befehle. *) Darauf beziehen sich die 'änsteren Befehle (*ενδομυκα παρηγγίλματα*)', welche beim Beginn des Feldzuges von Vespasianus empfangen zu haben Titus selbst bekennt in einer Rede bei Josephus *Bell. VI*, 6, 2, die sich von den übrigen rhetorischen Einlagen dieses Werks durch ihren geschäftsmässigen Ton merklich unterscheidet und gewiss nicht in allen Theilen fingirt ist.

erfahren hatten. Unbekannt war dieser Gesichtspunkt auch dem Josephus nicht; das zeigen die Worte, welche er seine Minorität im Kriegsrath sprechen lässt, 'man werde von allen Orten her sich um den Tempel schaaren (oben S. 50)'. Aber das anschauliche Verständniss dieser kurzen Andeutung und die Erkenntniss gewonnen zu haben dass nicht die Minorität sondern die von Titus geleitete Majorität jenen Gesichtspunkt gefasst und demgemäss die Zerstörung angeordnet hat — dies ist ein Ertrag, den die Geschichtskunde nicht dem Josephus sondern jetzt allein der Chronik des Severus und ihrer auf klassische Historiker wie Tacitus*¹) zurückgreifenden Anlage verdanken muss.

Nicht minder lohnend als die Aufspürung der Severischen Quelle für die römische Kaisergeschichte, aber viel verwickelter und für den hiesigen Zweck allzu weitläufig würde eine Untersuchung ausfallen, die sich in ähnlicher Weise auf eine andere Reihe nichtbiblischer, die Seleukidenherrscher betreffender, Angaben der Chronik richten wollte. Bei der Trümmerhaftigkeit unserer Ueberlieferung über die an sich schon so wirre Diadochenzeit könnte es nur der vollständigsten, auch das Kleinste nicht verschmähenden Sammlung und Vergleichung aller sonst erhaltenen Nachrichten vielleicht gelingen, die Quellen zu entdecken, aus welchen die chronologischen Ansätze und thatsächlichen Berichte des Severus geflossen sind. Dafür jedoch dass es jedenfalls alte und gute Quellen waren, kann auch in der Kürze ein Anzeichen beigebracht werden, dessen Besprechung zugleich auf den Zustand des gangbaren Textes nach kritischer Seite ein helles Licht werfen wird.

Die Analyse der Makkabäerbücher ist es, welche den Severus veranlasst, die Reihenfolge der syrischen Könige von Alexander dem Grossen bis auf Antiochos Epiphanes zu verzeichnen. Nachdem der zweite Antiochos, 'der Gott', erwähnt worden, fährt der Text der bisherigen Ausgaben folgendermaassen fort (II, 19, 3): *Post hunc Seleucus filius cognomine Callinicus annos unum et viginti [regnavit]. Item Seleucus filius Callinici annos tres. Hoc defuncto, Antiochus frater Callinici Asiam et Syriam tenuit annos septem et triginta. Hic est Antiochus, adversus quem Scipio Africani frater bellavit, quo bello victus et imperii parte mulctatus est.* Der letzte, auf Antiochos den Grossen bezügliche Theil dieser Stelle ist zwiefach verderbt, durch eine offenliegende Interpolation und

---

*¹) Mit der sorgfältigen Benutzung des Tacitus bei ausführlich erzählten und dem Hauptwerk der Chronik so wesentlichen Dingen, wie Christenverfolgung und Zerstörung Jerusalems, verträgt es sich ganz wohl dass bei Nebendingen, die Severus nur kurz und flüchtig berührt, ihm nun auch Flüchtigkeiten begegnen, welche zeigen, dass er weder dem Tacitus noch überhaupt eine Quellenschrift eigens nachgeschlagen, sondern sich auf sein trügendes Gedächtniss verlassen hat. Z. B. heisst es II, 30, 3, 'Vitellius habe sich selbst umgebracht (*cum se Vitellius interfecisset*)', was bereits Scaliger zu Eusebios p. 198 ed. vet. rügt. Von Otho dagegen war kurz vorher II, 30, 2 gesagt, 'derselbe sei umgebracht worden (*Othone interfecto*)'. Severus hat also die Todesarten dieser zwei kurzlebigen Kaiser vertauscht. — Eben so unrichtig heisst es II, 30, 2 von Vespasianus *ut mos est, diademate cupiti imposito, ab exercitu Imperator consalutatus*, worüber Lipsius zu Tacitus Hist. II, 80 bemerkt: *palam illa falsa. Nec mos eius aevi diadema tulit, nec Flavius per omnium usurpavit.* Der zweite Theil dieser Rüge ist etwas zu allgemein gefasst. Denn von dem Flavier Titus wird allerdings bei Suetonius c. 5 folgendes berichtet: *nota suspicio ei, quasi desciscere a patre Orientisque regnum sibi vindicare temptasset; quam suspicionem auxit, postquam Alexandriam petens in consecrando apud Memphim bove Apide diadema gestavit, de more quidem ritusque priscae religionis; sed non deerant qui sequius interpretarentur*, und die dunkle Erinnerung an solche Stellen mag den Severus zu seinem Irrthum verführt haben. Aber unter allen Umständen bleibt es ein arger Anachronismus, wenn Severus die 'Sitte' seiner eigenen, nachdiocletianischen (s. oben S. 28) Zeit auf die flavische überträgt.

durch eine dicht übertünchte. Die erste Interpolation liegt offen, weil sie zu einem auffallenden sachlichen Fehler geführt hat. Jeder Geschichtskundige weiss, dass Antiochos der Grosse nicht der Bruder sondern der Sohn des Kallinikos war; in brüderlichem Verwandtschaftsgrad stand er zu seinem unmittelbaren Vorgänger Seleukos, welcher jetzt durch den bei Severus nicht erwähnten und, wie es scheint, auch nicht officiellen Beinamen Keraunos von den gleichnamigen Königen unterschieden zu werden pflegt. Ein so handgreifliches Versehen konnte nicht leicht Jemandem begegnen, der ernstlich wie Severus auf die seleukidische Chronologie sich eingelassen hatte, und man ist um so weniger berechtigt es diesem selbst aufzubürden, als die Entstehung der jetzigen Lesart sich aus einem der allergewöhnlichsten handschriftlichen Vorkommnisse auf das Leichteste erklärt. Severus hatte blos geschrieben: *Hoc* [*Seleuco*] *defuncto Antiochus frater Asiam et Syriam tenuit* 'Nach dessen Tode hatte sein Bruder Antiochus Asien und Syrien inne' d. h. der Bruder des eben als verstorben bezeichneten Reichsvorgängers Seleukos Keraunos; ähnlich wie Severus auch vorher *post hunc Seleucus filius cognomine Callinicus* schreibt und es dem Leser überlässt, den aus der Reihenfolge von selbst sich ergebenden Genetiv, nämlich *filius Antiochi Thei,* zu ergänzen. Ein Abschreiber oder Leser vermochte jedoch diese einfache Operation bei den Worten *Antiochus frater* nicht richtig auszuführen und fügte zu ihnen den falschen Genetiv *Callinici,* der ihm von *Seleucus filius Callinici* her noch im Sinne lag. Im Wesentlichen hat diesen Hergang der Sache bereits der neueste Herausgeber, De Prato [**]), erkannt, wie er denn auch sonst zuweilen das Wahre trifft in Dingen, auf die seinen Menschenverstand anzuwenden er sich berechtigt hält und bei denen man mit dem unbewaffneten Menschenverstande ohne Beihilfe kritischer Technik ausreicht. Dass er jedoch mit diesem letzteren Erforderniss eines Herausgebers sehr mangelhaft ausgerüstet war, zeigt die Art, wie er sich bei der zweiten Verderbung benimmt, welche in *adversum quem Scipio Africani frater bellavit* versteckt ist. Diese Worte sind so frei von jedem sachlichen oder sprachlichen Anstoss, dass Niemand an ihrer Ursprünglichkeit hätte zweifeln können, wenn nicht nach De Prato's eigenem Zeugniss die einzige jetzt vorhandene Handschrift statt jenes glatten Sätzchens folgende zum Theil sinnlose aber eben deshalb verheissungsvolle Lesung darböte: *adeersum quem ut suscipio Asiana gens bellavit.* De Prato schickt sich an, aus diesen Buchstaben etwas 'herauszuklauben (*esculperre*)', fördert jedoch nichts anderes zu Tage als *adversus quem Scipio Asiaticus bellavit,* wobei, wie man sieht, das 'Klauben' nicht gerade sorgfältig betrieben ist. Denn dass *Asiaticus* je zu den unverständlichen Schriftzügen *Asiana gens* entstellt worden sei, hat nicht den leisesten Anflug von Wahrscheinlichkeit, und die Buchstaben *ut su* bleiben gänzlich unverwendet. Hingegen kann allen Anforderungen diplomatischer Probabilität genügt werden, wenn man sich erinnert, dass der Beinamen, welchen Lucius, der geringe Bruder des grossen Publius Scipio von dem Siege über Antiochos davontrug, ursprünglich nicht die einfach lateinische Form *Asiaticus* hatte, sondern mit seltsamer Gräcisirung *Asiagenes* lautete; wonach nun aus den Zügen der Handschrift *adversum quem ut suscipio Asiana gens bellavit* folgende Fassung *adversum quem Lucius Scipio Asiagenes bellavit* von selbst hervorspringt, welche durch die verschollene Namensform zugleich di

---

[**]) Clinton, welcher *fast. Hellen. III* 314 den *strange error* dem Severus selbst beimisst, hat, wie die Meisten, welche in neuerer Zeit die Chronik gelegentlich nachschlagen, die De Prato'sche Ausgabe nicht eingesehen.

Gewähr ihrer eigenen Echtheit giebt und die Aufklärung über die bisher gangbare, erst jetzt nach ihrem vollen Unwerthe zu würdigende Interpolation *adversus quem Scipio Africani frater bellavit*. Verschollen aber ist die Form *Asiagenes* in ganz ungewöhnlichem Maasse; aus der gesammten lateinischen und griechischen Litteratur haben die vereinten Bemühungen mehrerer Kenner nur vier Belegstellen, ausser der jetzt hinzutretenden Severischen, sammeln können; eine bei Diodoros *XXXIV*/v p. 153 *Bek.*, eine zweite bei Livius *XXXIX* 44, eine dritte bei Sidonius *Carm.* *VII* 80 sind von J. F. Gronovius *Observ.* *IV* c. 25 besprochen; die vierte bei Eutropius *IV* 2 weist Theodor Mommsen nach. Dazu kommt dann noch die Scipioneninschrift bei Orelli 557, auf welcher die wunderlich gräcisirende Form in noch wunderlicherer[a]) Weise zu *Asiagenus* latinisirt ist, und endlich eine ebenfalls schon von Gronovius angeführte Münze mit *L. SCIP. ASIAG.*, welche Mommsens Münzwerk S. 575 verzeichnet. An den zahlreichen übrigen Stellen, in denen der antiochische Krieg und jener Scipio erwähnt wird, erscheint der Ehrenname immer in der Form *Asiaticus*, und auch die Fasten kennen nur diese. Wenn daher das ältere und seltene *Asiagenes* bei Severus wieder auftaucht, so erweckt dies eine recht günstige Vorstellung von dem Werthe der Quellen, welchen er seine Angaben über die Seleukiden entnommen hat.

Jedoch wie reichen oder dürftigen Ertrag dieses und die anderen nichtbiblischen Stücke der Chronik dem jetzigen Geschichtsforscher bieten mögen — unabhängig von dem heutigen, theilweise durch zufällige Umstände bedingten Nutzen der einzelnen Nachrichten ist der Einfluss, welchen diese Partien in ihrer Gesammtheit schon durch ihr blosses Vorhandensein auf die Physiognomie des Severischen Werkes gewinnen. Denn da sie nicht, wie es z. B. in der eusebianischen Chronik geschieht, nur tabellarisch neben die biblischen Thatsachen gestellt sondern zu einer einheitlichen Erzählung mit denselben verwoben sind, so wirken sie auf den Ton des Erzählers wie auf die Stimmung des Lesers, und tragen recht wesentlich dazu bei, dem Ganzen jene concret geschichtliche Lebendigkeit zu verleihen, welche gleich weit entfernt ist von allegorischer Verflüchtigung wie von dogmatischer Verknöcherung. Vor diesen beiden Abwegen, welche den Behandlern der biblischen Schriften so gefährlich zu werden pflegen, hat Severus sich streng gehütet. Alles Dogmatische, auf das er überhaupt sich einlässt, bleibt den späteren, kirchengeschichtlichen Abschnitten vorbehalten, wo es zum Verständniss der Erzählung unentbehrlich ist und dennoch meistens sehr kurz abgethan wird; die Lehre der Arianer z. B. findet sich *II*, 35, 3 in einer Fas-

---

[a]) Begreiflich ist übrigens die Verlegenheit der Gelehrten, welche bei Festsetzung des Ehrennamens für den 'Scipio von Asien' gewiss zu Rath gezogen wurden. Die scheinbar nächstliegende Form *Asianus* war unbrauchbar; diese hätte statt einer Ehre einen eben solchen Schimpf ergeben wie wenn man den Publius Scipio nicht *Africanus* genannt hätte sondern *Afer*. Denn *Asianus* ist das stehende Ethnikon für einen geborenen Asiaten, dieses Ehrentitel aber sollen unmittelbar von dem Namen des eroberten Landes gebildet und zugleich auf eine in das Ohr fallende Weise von dem herkömmlichen Namen der Eingeborenen unterschieden sein, wie z. B. *Africanus Creticus Delmaticus Germanicus Macedonicus Numidicus* von *Africa Creta Delmatia Germania Macedonia Numidia* gebildet und von *Afer Cres Delmata Germanus Macedo Numida* unterschieden sind. In der Noth griff man daher zu dem griechischen Ἀσιαγενής, und als *Asiagenes* besonders wohl wegen der griechischen Endung, Anstoss gab, suchte man sich theils durch die grobe Latinisirung *Asiagenus* zu helfen, theils verstand man sich an *Asiaticus*, welches nun zwar von *Asianus* deutlich genug abklingt, aber aus der Analogie der übrigen Ehrennamen in so fern herausstritt, als es nicht von *Asia* sondern von *Asiates* gebildet ist.

sung angegeben, die selbst zu formuliren Severus sich nicht einmal die Mühe genommen sondern wörtlich, wie De Prato nachweist, aus Hilarius abgeschrieben hat. Dagegen der eigentliche Kern des Werks, die alttestamentliche Geschichte, bleibt von dogmatischen oder allegorischen Zwischenreden frei, ausser an drei Stellen, die jedoch Ausnahmen von derjenigen Art bilden, welche die Regel bestätigen. Die erste dieser Abnormitäten bezieht sich auf die vorsindfluthliche Zeit. 'Von 'Lamech — sagt Severus *I*, 2, 4 — werde in der Bibel (*Gen.* 4, 23) berichtet, dass er einen Jüng-'ling erschlagen habe; der Name des Erschlagenen werde jedoch nicht mitgetheilt: Einsichtige halten 'dafür, dass dies ein zukünftiges Mysterium vorbedeute (*quod quidem futuro mysterio fuisse praemis-*'*sum a prudentibus aestimatur*).' Das hier verborgene Geheimniss aufzudecken haben die theologischen Ausleger des Severus vergeblich sich angestrengt, und wir am allerwenigsten fühlen Beruf oder Neigung den Schleier zu lüften, da für unseren Zweck der Nachweis genügt dass die geschichtliche Haltung der Chronik durch dieses beiläufige 'Mysterium' eher ins Licht gesetzt als verdunkelt wird. Denn erstlich ist es als eine blosse Muthmaassung, für welche Severus überdies die Verantwortung Anderen zuschiebt, von dem Thatbestande scharf gesondert; und zweitens berührt es gar nicht den erzählten Vorgang, der vielmehr in seiner Wirklichkeit unangetastet bleibt, sondern Severus versucht nur, der Namenlosigkeit des Erschlagenen, d. h. einem formalen Umstande der biblischen Darstellung, eine gewisse Bedeutung unterzulegen. — Eben so wohl verträglich mit dem Grundton der Chronik ist die zweite Ausnahme. 'Dem Abram und seinem Weibe — heisst es *I*. 6, 2 — 'seien durch Hinzufügung je Eines Buchstabens die Namen verändert worden; fortan 'werde er Abraam genannt statt Abram, sie aber Sara statt Sarai. Das nicht leere Geheimniss 'dieser Sache auseinanderzusetzen, gehört nicht in das vorliegende Werk (*cuius quidem rei non in-*'*one mysterium non est huius operis exponere*).' Hier ist also ausdrücklich der Charakter der Chronik als unvereinbar mit Enthüllung von Geheimnissen hingestellt; die blosse Voraussetzung eines Geheimnisses aber an diesem Orte, wo es sich nicht um ein thatsächliches Ereigniss sondern um eine Namensumwandlung handelt, darf wohl zu der verzeihlichsten, jedenfalls zu der unschädlichsten Gattung von Mysteriensucht gerechnet werden. — Anders freilich verhält es sich mit der dritten Ausnahme, zu deren Erledigung ein näheres Eingehen auf die Worte des Severus unvermeidlich ist. 'Jabin, ein kanaanitischer König — erzählt er *I*. 24, 5 — habe zwanzig Jahre hindurch die 'drückendste Zwingherrschaft über die Hebräer ausgeübt, *donec pristinum Debbora mulier statum red-*'*didit. Adeo nihil spei in eorum ducibus erat ut muliebri auxilio defenderentur. Quamquam haec in typum* '*Ecclesiae forma praemissa sit, cuius anxilio captivitas est depulsa. Sub hac duce vel iudice XL annis* '*Hebraei fuerunt.*' Da hätten wir nun die Typik in ihrer schlimmsten Auswartung. Nicht Nebenumstände der Erzählung, wie bei Lamech und Abraham, werden ausgedeutet, sondern eine geschichtliche Persönlichkeit, die in ihrem Leben und ihren Thaten so scharf umrissen vor uns steht, wie irgend eine andere grosse Frau der alten oder neuen Zeit, wird zu einem Gedankending aufgelöst; Debora wird zur 'Kirche' gemacht, blos weil beide das Glück oder das Unglück haben, weiblichen Geschlechts zu sein. Sehen wir jedoch das Sätzchen *quamquam haec in typum Ecclesiae forma praemissa sit, cuius anxilio captivitas est depulsa* genauer an, so werden wir auch von Seiten der Sprache und der logischen Verbindung durch arge Unleidlichkeiten verletzt. Zunächst ermangelt *captivitas* der nöthigen Beziehung. In einem Zusammenhang wie der hiesige, wo die politische

Bedrückung zu einer geistigen Knechtschaft umgedeutet werden soll, muss das geistige Moment klar bezeichnet werden: Hinzufügung eines Genetivs zu *captivitas* ist unerlässlich, mag man nun für *peccati* sich entscheiden, das De Prato vorschlägt, oder, mit Vorstius, das derbere *diaboli* wählen. Recht anstössig ist ferner die verschrobene Stellung von *forma*. Und durchaus unlösbar ist der begriffliche Widerspruch, in welchen das fragliche Sätzchen zu dem unmittelbar vorhergehenden tritt. Denn der Anlass zu einer Allegorie liegt ja lediglich darin dass Debora, obzwar ein Weib, dennoch den Krieg leitete. Hätte nun Severus dieses Verhältniss allegorisch vernutzen wollen, so hätte er es nicht erst in einfacher und dem Sinn der Bibel (*Ind.* 4, 9) gemässer Weise geschichtlich verwerthen dürfen, was er doch thut indem er sagt: 'Das Vertrauen auf die Feld-'herren war so sehr geschwunden, dass man weiblichen Beistandes zur Vertheidigung bedurfte.' Dadurch dass dies in berichtendem Tone erzählt worden, ist gegen jede Allegorie ein Riegel vorgeschoben; und wenn nun trotzdem eine solche sich einfindet, so bleibt nur die Annahme übrig dass sie, wie so manches Andere (s. Anm. 52), vom Rande her eingedrungen ist. Eben die geschichtliche Einfachheit der Severischen Auffassung war einem Leser, der aus des Ambrosius, Augustinus [44]) und gewiss noch aus vielen anderen Schriften das Weib Debora als Bild der Kirche kennen gelernt hatte, allzu trocken erschienen; er hatte deshalb den Worten des Severus eine auf jenen 'Typus' hinzielende Randbemerkung in flüchtiger Fassung gegenübergestellt, welche dann bei ihrer Versetzung in den Text durch die in solchen Fällen gewöhnliche Verwirrung den unumgänglichen Genetiv zu *captivitas* einbüsste. Nach Aussonderung der Marginalie tritt nun auch die enge Verbindung zwischen *ut muliebri auxilio defenderentur* und dem demonstrativen Pronomen *Sub hac duce* wieder in ungetrübter Ursprünglichkeit hervor.

Sonach geschieht es nicht drei- sondern in der ganzen Chronik nur zweimal, dass Severus die geschichtliche Klarheit mit mysteriösem Dunkel — nicht wirklich vertauscht sondern nur zu vertauschen Miene macht. Denn selbst in jenen zwei, nach Wegfall der symbolischen Debora zurückbleibenden, auf Lamech und Abraham bezüglichen Stellen wird ja das Mysterium nicht dem Anblick ausgesetzt; es wird blos auf den Vorhang gedeutet, hinter welchem ein Mysterium verborgen sein soll; und Stellen, deren Zahl so klein, deren Umfang so gering und deren Ton so leise ist, können nicht störend sondern höchstens als bestätigender Contrast wirken auf den sonst nach allen Seiten sich bewährenden geschichtlichen Gesammtcharakter des Werks. Aber um so lehrreichere Winke enthalten selbst diese wenigen und behutsamen Stellen für die Charakteristik des Verfassers. Die allegorisirende Doppelsichtigkeit gehört zu denjenigen Affectionen des geistigen Auges, bei welchen auch die spärlichsten und gelindesten äusseren Symptome auf das innerliche Vorhandensein des Uebels in seiner vollen Stärke schliessen lassen; und in Severus' Falle verrathen die Symptome eigentlich nur das, was nach der ganzen Richtung des damaligen Zeitalters, selbst ohne jedwedes Wahrzeichen, vorausgesetzt werden durfte. Die besten Köpfe und

---

[44]) De Prato hat die Stellen ausgeschrieben. — Auf eine ähnliche typische Interpolation muss wohl zurückgeführt werden was Gregor von Tours *Hist. Franc. I c.* 7 hinsichtlich der Opferung Isaacs erwähnt: *hoc vero holocaustum (ritimae commutatae) in monte Calvariae, quo Dominus crucifixus est, oblatum fuisse Severus narrat in Chronica.* An der betreffenden Stelle unserer Chronik *I,* 7, 2 findet sich weder eine Spur von diesen Worten noch das leiseste Anzeichen einer Lücke.

die umfassendsten Gelehrten des Jahrhunderts waren von dem Allegorienfanatismus befallen; alle seine Dialektik konnte den Augustinus, all sein philologisches Wissen konnte den Hieronymus nicht schützen; sollte Severus allein von der allgemeinen Ansteckung frei geblieben sein, so hätte er eine Selbständigkeit und Gesundheit des Sinnes besitzen müssen, die nach einem Blick auf seine Lebensbeschreibung des Martinus und auf seine Briefe Niemand ihm beilegen wird. Wenn er in diesen mit der Chronik fast gleichzeitigen Produkten **) über die Offenbarung Gottes in der Natur hinausstrebt und mit unersättlicher Begierde nach grossen und kleinen Wundern hascht, so wird er schwerlich bei der Offenbarung Gottes in der Schrift stets sich an dem ungekünstelten Schriftsinn haben genügen lassen. Alles führt vielmehr darauf dass er für seinen eigenen Bedarf und in der Stille seiner Meditationen nicht blos bei Lamech und Abraham, sondern bei noch gar manchen anderen Personen und Ereignissen des alten Testaments in bunte Typik sich versenkt, an luftigen Allegorien sich erbaut habe; und wenn die Chronik hiervon nur die angegebenen höchst schüchternen Spuren aufzeigt, so darf für eine solche Enthaltsamkeit, da sie dem damaligen Zeitalter fremd und dem Severus, nach allem sonst über ihn Bekannten, nicht natürlich ist, der erklärende Anlass nur in den besonderen, für die Chronik geltenden, schriftstellerischen Motiven gesucht werden.

Dieselben geben auch befriedigenden Aufschluss, sobald man die Rücksichten erwägt, welche sein nächster Leserkreis, das von Priscillianisten wimmelnde Aquitanien, ihm daraus auferlegte. Jene Sekte hatte nämlich zu der Bibel als Quelle der Dogmen eine eigenthümliche Stellung sich gewählt. Während die älteren Sekten und auch noch die gleichzeitigen Manichäer, um ihre Lehrgebäude auf die biblischen Urkunden gründen zu können, vor der Verwerfung ganzer Reihen von kanonischen Büchern vorzüglich des alten, aber auch des neuen Testaments nicht zurückschreckten, enthielten sich die Priscillianisten, denen daran lag möglichst lange im Kirchenverbande zu bleiben, eines so gewaltsamen Verfahrens, durch welches das Schisma alsbald zu öffentlichem Ausbruch hätte kommen müssen; sie bekannten sich vielmehr zu allen kanonischen Büchern ohne Ausnahme. Aber trotz dieser Gemeinschaft der Urkunden wahrten sie ihren Sonderglauben mittels schrankenloser Anwendung der Interpretationsweise, in welcher Kirchenlehrer wie Origenes ihnen vorangegangen waren. Zur Zeit als der Priscillianismus in Spanien und Aquitanien aufkam, d. h. in der zweiten Hälfte des vierten Jahrhunderts, war die Bewunderung für jenen alexandrinischen Meister allegorischer Bibelauslegung noch eine ungetheilte; die wirksamen Bewegungen gegen sein System beginnen erst zu Anfang des fünften Jahrhunderts gleichzeitig mit der Abfassung der Severischen Chronik. Die Führer der Priscillianisten durften also, wenn sie die Bibel allegorisch deuteten, auf eine allgemein anerkannte und allgemein nachgeahmte Autorität sich berufen; und da es im Wesen der allegorischen Manier liegt, dass sie unmethodisch ist und die Grenzen ihrer Anwendung sich nicht bestimmen lassen, so war die Sekte trotz ihres Festhaltens an den alten kanonischen Büchern doch unbehindert in ihren dogmatischen Neubildungen, welche

---

**) Wer sich zur Lektüre derselben nicht entschliessen kann — und leicht wird der Entschluss wohl nur sehr Wenigen werden —, mag den in Ihnen herrschenden Geist aus Gibbon's kurzen und strengen, aber gerechten Worten ch. 27 s. 60 kennen lernen.

mit etwas Phantasie und etwas Sophistik auf jenem allegorischen Wege so leicht in den überlieferten Buchstaben hineingegaukelt werden konnten**). Besonders das alte Testament mit der Fülle seiner Gestalten und der Mannigfaltigkeit seiner Begebenheiten bot dem allegorisch-typischen Schattenspiel eine bequeme Unterlage; und wenn man erfährt dass z. B. die zwölf Söhne des Erzvaters Jacob nach priscillianistischer Lehre Typen von Seelenkräften sein sollen, so wird man durch diese Probe eine Vorstellung von dem Uebrigen gewinnen und nach weiteren Einzelheiten nicht begierig sein. Hierdurch war also dem Severus in seiner nächsten Umgebung die Verfänglichkeit der Typik und Allegorie auf die abschreckendste Weise vor Augen gestellt; er musste fühlen dass, wenn er von dieser Manier vor dem damaligen aquitanischen Publicum öffentlichen Gebrauch zu orthodoxem Zwecke mache, er gegen ihre priscillianistische Verwendung wehrlos werde; denn war einmal zugegeben, dass Allegorie den wahren Sinn der Bibel aufschliesse, so ward es Gegenstand einer misslichen Disputation, welche Art von Allegorie ein Schlüssel und welche ein Dietrich sei. Severus hat es daher vorgezogen, unter Aufopferung auch der rechtgläubigen Typen und Allegorien, denen er ohne Zweifel ergeben war, sich einer rein thatsächlichen Darstellung zu befleissigen.

Mithin ergiebt es sich, dass in noch unmittelbarerer Beziehung als bisher zu erkennen war, die Verbreitung der priscillianistischen Sekte in Aquitanien maassgebend auf die eigenartige Beschaffenheit unserer Chronik eingewirkt hat. Oben (S. 42 und 43) durften wir den Anlass zu dem gesammten Plan des Severus in dem Bestreben finden, mit den Priscillianisten auf dem von ihnen beherrschten Gebiet klassisch-litterärischer Fertigkeit zu wetteifern und ihrem Einfluss auf die rhetorischen Kreise ein Gegengewicht dadurch zu schaffen dass die Bibel im Gewande einer anziehenden, von allem Solöken und Fremdartigen freien historischen Schrift den Verehrern des Sallustius und Tacitus dargeboten werde: und allerdings musste schon diese Absicht dem Severus den Vorsatz eingeben, auf den Boden der geschichtlichen Wirklichkeit sich zu stellen. Aber schwerlich würde er den allgemeinen Vorsatz mit solcher Strenge im Einzelnen durchgeführt haben, wären nicht alle typologischen und allegorischen Regungen erstickt worden durch die Furcht, sich auf derselben Fährte mit den Priscillianisten betreffen zu lassen, und durch die Nothwendigkeit, ihrer schlauen Handhabung jener Auslegungsart zur Begründung einer heterodoxen Dogmatik nach Kräften entgegenzuarbeiten.

Ob nun die nächste Wirkung der Chronik auf das Aquitanien des fünften Jahrhunderts diesen Absichten des Severus entsprochen, ob ihr durch klassische Sprache gewürzter biblischer Inhalt den Rhetoren gemundet, ihr geschichtlicher Ernst dem priscillianistischen Allegorienspiel gesteuert habe, muss bei unserer mangelhaften Kunde über die Zustände dieser Zeit dahingestellt bleiben. Um so deutlicher aber lässt es sich wahrnehmen, wie sehr in den folgenden Jahrhunderten

---

**) Zum Belege genügen folgende Stellen aus Augustinus, *de haeresibus* c. 70: *hoc erraditores (Priscillianistae) etiam* Priscillianis-
Manichaeis quod nihil scripturarum canonicarum repudiant, simul cum apocryphis ingestis omnia et in autoritate sumentes, sed in tische Allegories allegorizando certentes quicquid in sanctis libris est quod eorum exertat errorem;* und im Wesentlichen gleichlautend
*epist. 237 (= 253) ad Ceretium § 3: Priscillianistae vero accipiunt omnia et canonica et apocrypha simul, sed quaecumque quae
contra eos sunt in suae perversitatis sensus aliquando callida et astuta aliquando ridicula et hebeti expositione pervertunt.* Im
Uebrigen gilt auch für diesen Punkt die obige (Anm. 7) allgemeine Verweisung auf Lübkert's Schrift.

der nach jenen zwei Seiten des klassischen Styls und der historischen Haltung ausgeprägte Charakter des Werks entscheidend geworden ist für seine zwischen völliger Vernachlässigung und günstigster Aufnahme wechselnden Schicksale. Die litterärische Blüte Aquitaniens, auf welche die Chronik in Form und Inhalt berechnet gewesen, ward noch bei Lebzeiten des Severus für immer geknickt durch den Einfall der Völkerhorden, welche mit Radagaisus nach Italien aufgebrochen waren, dort vor Florenz von Stilicho unter Verlust ihres Führers zersprengt wurden und nun (i. J. 406) Gallien überfluteten, das Land nicht blos durch Streifzüge verwüsteten sondern zu dauerndem Besitz einnahmen und in unaufhaltsamer Folge andere Völkerschwärme nach sich zogen. Von diesem Zeitpunkt an zeigen alle litterärischen Erzeugnisse Galliens eine merkliche Entartung des Geschmacks; vielleicht die einzige Ausnahme bildet das trefflich stylisirte Gedenkbuch (*Commonitorium*) des Vincentius Lirinensis, dessen Erziehung jedoch wahrscheinlich noch in die Zeit vor der Barbarenflut fällt. Aber schon der gegen die Mitte des fünften Jahrhunderts schreibende Salvianus (s. Anm. 2) und vollends der den Ablauf desselben nahe Sidonius haben gerade das eingebüsst was die frühere Epoche und den unter ihrem Einflusse stehenden Severus auszeichnet, die Reinheit nämlich und Angemessenheit des Ausdrucks, welche, wie sie späte Früchte der vollständigen Romanisirung Südgalliens gewesen waren, nun auch nach dem Eindringen der barbarischen Elemente am ehesten verschwinden mussten. Man könnte die damalige Lage wohl in etwas weniger barocken aber schwerlich in anschaulicheren Bildern malen als es der eben erwähnte Sidonius thut, indem er einen ihn um ein Hochzeitscarmen bittenden Freund fragt, woher ihm denn die Dichterstimmung kommen solle, ihm, der den Gesang eines burgundischen, Buttergeruch statt Salbenduftes aus seinen Haaren ausströmenden Nimmersatt als ergebeuer Unterthan zu loben gezwungen sei; wie die Muse sich noch um die sechs Füsse des Hexameters kümmern solle, seitdem sie vor sieben Fuss hohen Barbarengestalten sich bücken müsse[*]). Je unwiederbringlicher in der Noth dieser Zeiten das Gefühl für gewählte Einfachheit der Sprache den Wenigen, die zum Bücherlesen Lust und Musse fanden, abhanden kam, und je unrettbarer die noch wenigeren Bücherschreiber der geckenhaften Ziererei verfielen, in welcher schon das unverächtliche Talent eben jenes Sidonius gänzlich zu Grunde ging, desto mehr musste die schmucklose Correctheit der Severischen Chronik ihr die Beachtung entziehen. Und als nun gar die Schatten des eigentlichen Mittelalters sich verlängerten, als in der Nacht, welche über die europäischen Länder sich lagerte, das Licht der Menschheit — der geschichtliche Sinn — völlig erlosch, und mit dem Erlöschen des geschichtlichen Sinnes das Studium der Bibel von dem Nebel der phantastischsten Allegorien immer dichter umhüllt, von dem Gewebe der scholastischen Dogmatik immer künstlicher umsponnen wurde, da musste eine Behandlung der Bibel, welche, wie die Severische, das alte Testament einerseits mit der 'heidnischen' Geschichte verknüpft, anderseits durch ihr Verzichten auf Typik und Allegorie die Brücke zwischen altem und neuem Testament abzubrechen

---

Sidonius [*]) *Carm. XII Quid me, etsi valeam, parare carmen | Fescenninicolae inter Dionae | inter erinigeras situm catervas? | Germanica verba sustinentem, | laudantem tetrico subinde vultu | quod Burgundio cantat reculentus | infundens acido comam butyro? | vis dicam tibi quid poema frangat? | ex hoc barbaricis abacta plectris | spernit senipedem stylum Thalia | ex quo septipedes videt patronos.*

drohte, den Leitern der klösterlichen Bibliotheken und Handschriftenfabriken reizlos, wo nicht gar gefährlich erscheinen. Viel fesselnder und erbaulicher musste auf jenes in Wundersucht versunkene Geschlecht die andere Reihe Severischer Arbeiten wirken, welche das Leben des Martinus mit dem Nimbus grotesker Mirakel verzieren; und diese Schriftstücke wurden denn auch in den Martins- und in allen, wie immer benannten, Klöstern mit einer Emsigkeit vervielfältigt, unter deren Früchten noch jetzt die Manuscriptenschränke jeder grösseren Bibliothek zu seufzen haben. Um die Chronik dagegen kümmerte man sich so wenig, dass ihre Erhaltung, bevor dieselbe in der zweiten Hälfte des sechzehnten Jahrhunderts durch den Druck gesichert worden, an den dünnen Fäden blos zweier Handschriften hing, zu welchen die sorgfältigste Nachforschung bisher keine dritte **) hat fügen können. Aber das sechszehnte Jahrhundert war nun auch ganz in der Stimmung, um die Chronik nach ihren positiven wie negativen Vorzügen zu würdigen und als einen köstlichen, für seine Bedürfnisse gleichsam geschaffenen Fund mit Jubel zu begrüssen. Die Entwickelung der Neuzeit hatte die europäischen Menschen aus der legendarischen Ammenstube in die stählende Luft historischer Forschung hinausgeführt; zugleich mit der Befestigung des geschichtlichen Sinnes war das Gefühl für sprachliche Reinheit und Richtigkeit wieder geschärft worden; eifrig war man, zuerst in Deutschland und nach deutschem Vorgang in den übrigen Ländern, bemüht, die an den humanistischen Studien erstarkte Methode einer gesunden Auffassung des geschriebenen Worts nun auch auf diejenige Schrift anzuwenden, welche als die heilige verehrt wird; und nicht minder eifrig strebte man, die klar erkannte Ueberlieferung der heiligen Schrift mit der, endlich wieder in den Schulen gelehrten, allgemeinen Menschengeschichte in Verbindung zu setzen. Nichts konnte daher den leitenden Männern des sechszehnten Jahrhunderts, zumal für den Jugendunterricht, erwünschter kommen als ein Compendium biblischer Geschichte gleich dem Severischen, abgefasst in einem Latein das nicht erst, wie so manches andere ecclesiastische, auf Grund seines religiösen Inhalts einen grammatischen Freibrief zu verlangen brauchte, vielfältig hinweisend auf den Zusammenhang der biblischen mit der ausserbiblischen Welt, und jeglicher dogmatischen Schlussfolgerung so streng entsagend, dass die zwei grossen Religionsparteien, welche mit der Heftigkeit des noch frischen Streites damals sich befehdeten, beide gleich unbedenklich dieses Büchlein als ein rein thatsächliches und daher neutrales in ihre Schulen einführen durften. Auf Geheiss eines römischen Kardinals hat Carolus Sigonius für die italienischen Schulen den besten unter allen vorhandenen Commentaren der Chronik ausgearbeitet, und in den protestantischen Niederlanden haben 'kraft Beschlusses der Generalstaaten zum Gebrauch der holländischen und friesischen Schulen' die Elzevire einen Textesabdruck **) besorgt, mit dessen gediegener Schönheit neuere Schulausgaben vergeblich wetteifern. Bis zu Anfang des achtzehnten Jahrhunderts hat die Chronik sich die so errungene Geltung in dem französischen, deutschen und niederländischen Unterricht zu bewahren

---

**) Die bibliographischen Belege für das hier und in der Folge Gesagte giebt theils der Anhang, theils Schönemann *bibliotheca patrum latinorum* II 364—410.

**) Da er einen eigenthümlichen kritischen Werth nicht besitzt, so musste er im Anhang unerwähnt bleiben. Der Titel lautet: *Sulpitii Severi Historia Sacra Continuata Ex Johannis Sleydani libro De Quatuor summis Imperiis: Edita in usum Scholarum Hollandicarum et West-Frisicarum: Ex Decreto Illustrium ac Potentium II. D. Ordinum Hollandiae et West-Frisiae. Lugduni Batavorum, Ex Officina Bonaventurae et Abrahami Elzevir. Academiae Typograph.* CIƆ IƆ CXXVI. 8. 271 S.S.

gewusst. Erst durch Bossuet's 'allgemeine Geschichte', welche ebenfalls die nichtbiblische um die biblische Geschichte gruppirt, aber viel glänzendere stylistische und viel schreiendere dogmatische Farben aufträgt, ist das Severische Werk dem Gebrauch und dem Gesichtskreis der französischen Schulmänner entfremdet worden; und dasselbe Ergebniss ward für die germanischen Länder herbeigeführt durch die Trennung der klassischen von den biblischen Studien, welche im achtzehnten Jahrhundert immer schroffer sich ausbildete, und durch die veränderten Gesichtspunkte, nach welchen die Schullektüre von der autonom gewordenen klassischen Philologie geregelt wird. Seit dem Jahre 1711, in welchem noch ein Leipziger Buchhändler es der Mühe werth fand, auf die Trägheit der Jugend durch Zurichtung der Chronik *ad modum Minellii* zu speculiren, ist nach und nach das Andenken an das einst so beliebte Schulbuch bei den Jüngeren völlig und bei den Aelteren fast völlig erloschen. Um so weniger behindert durch die Befangenheit, welche einem richtigen Urtheil über Schulautoren im Wege zu sein pflegt, konnte der vorstehende Versuch das Mangelhafte wie das Gute der Chronik bezeichnen und ihren zwar bescheidenen aber doch bedeutsamen Platz bestimmen in der Reihe derjenigen Schriften, welche hervorgerufen sind durch die grosse, dem Menschengeschlecht aufgegebene Arbeit, die Bibel mit der griechisch-römischen Bildung zu vereinen.

Anhang.

Ueber Titel, Handschriften und Ausgaben der Chronik.

(S. Anm. 1.)

Die einfache und bequeme kurze Bezeichnung 'Chronik' kennt schon der von Severus nur durch einen fünfzigjährigen Zeitraum getrennte Gennadius *de viris ill.* 19: *Severus presbyter cognomento Sulpicius, Aquitanicae provinciae . . . . composuit et Chronica*. Auch Gregor von Tours und die übrigen Scribenten des Mittelalters, deren Zeugnisse De Prato (*Vol. I p. XXXIX*) gesammelt hat, erwähnen nur diesen Titel, und die Vaticanische Handschrift, die einzige jetzt nachweisbare, beginnt: *Incipit Prologus Sulpicii Severi in Chronica quae ipse fecit ab exordio mundi usque ad tempus suum*, und hat am Schluss des ersten Buches folgende Subscription: *Explicit Sacrorum Chronicorum liber primus; incipit liber secundus. Legi feliciter.* — Die bisher gangbare Betitelung *Historia Sacra*, wie die Worte in den Jüngeren, oder *Sacra Historia*, wie sie in den älteren Ausgaben geordnet sind, hat selbst De Prato, obgleich er im Besitz aller oben erwähnten Thatsachen war, noch nicht anfangeben gewagt; ihre Gewähr liegt jedoch lediglich in dem Titelblatt der *editio princeps*, welches hier vollständig folgt, weil weder De Prato in Verona noch Schönemann (*Bibliotheca patrum II p.* 410) in Göttingen diese Ausgabe auftreiben konnte: *Sulpitii Severi Sacrae Historiae a Mundi exordio ad sua usque tempora deductae, libri II. nunc primum in lucem editi. Item aliae quaedam Historiae appendices, lectu dignissimae. Accessit rerum et verborum copiosus index.* (Von einem Index war in den zwei mir vorgekommenen Exemplaren keine Spur zu finden.) *Basileae, Per Ioannem Oporinum* 1556. Octav. Der durch seine Theilnahme an den Magdeburger Centurien und durch sein Auftreten gegen Melanchthon bekannte Herausgeber Matthias Flacius Illyricus bezeichnet sich unter dem an *Nicolaus Ratzivilius Princeps Olicensis et Palatinus Vilnensis* gerichteten und *prima Maii* 1556 datirten Widmungsschreiben nur mit den Anfangsbuchstaben *M. F.* Ueber die Handschrift, welche er benutzte, findet sich keine andere Angabe als die in folgenden Worten des Widmungsschreibens enthaltene: *Tuae igitur Celsitudini, Principe illustrissime, libellum hunc . . . . es quadam celeberrimae Saxonum civitatis Hildesiae bibliotheca erutum editumque addico dedicoque*. In dem ganzen Büchlein wird keine einzige Variante angemerkt, und alle kritische Zuthat beschränkt sich auf Bezeichnung einiger der offenbarsten Lücken und Verderbnisse durch Sternchen. Mit diesem unbekümmerten Verfahren steht es nun ganz im Einklang dass Flacius, da die Hildesheimer Handschrift, wie nach Allem anzunehmen ist, ihm nur den Namen des Verfassers aber nicht den Titel der Schrift darbot, sich seine *sacra historia a mundi exordio usque ad sua tempora* zusammen gelesen hat aus folgenden Sätzen der Severischen Einleitung: *res a mundi exordio sacris litteris editas . . . . . usque ad nostram memoriam cursptim dicere aggressus sum*, und: *visum autem mihi est non absurdum cum . . . . . per sacram historiam cucurrissem, etiam post gesta connecterem* (s. Anm. 50); *ecredisse Hierosolymam, remissoeque populi Christiani etc.* Gerade dieser letzte Satz liefert jedoch, indem er zwischen der 'heiligen, d. h. biblischen, Geschichte' und dem 'später Geschehenen (*post gesta*)' so scharf scheidet, den deutlichsten Beweis dass Severus seine gesammte, beide Theile umfassende Schrift nicht *Sacra Historia* genannt wissen will; wie er denn diese Bezeichnung überall wo er sie gebraucht (*I, 36, 5 II, 5, 6 und 7; 14, 3*) dem biblischen Text im Gegensatz zu nichtbiblischen Geschichtsschreibern und Chronologen vorbehält. — Ein ähnlicher Grund macht es aber auch unwahrscheinlich, dass Severus selbst den Titel Chronik für seine Schrift gewählt habe. Er führt mehrere Male (*I, 36, 6; 42, 1; 46, 5; II, 5, 7; 6, 1*) die eusebianische Chronik ohne nähere Unterscheidung schlechthin als *Chronica* an, was er, wenn seinem eigenen Werk dieselbe Aufschrift gegeben war, um Missverständnissen zu entgehen gewiss vermieden hätte. Es wird sich daher wohl Jedem, der die eben mitgetheilten Worte der Einleitung erwägt, die Annahme empfehlen, dass Severus selbst in der Betitelung so gut wie im Styl seines Werks klassischen Vorbildern sich angeschlossen und nach Analogie von *Titi Livi ab urbe condita libri, Cornelii Taciti ab excessu Divi Augusti* die Aufschrift folgendermaassen abgefasst hatte: *A mundi exordio libri II*. Aehnlich wie bei Livius und Tacitus fand man auch bei Severus einen solchen Titel für das Citiren unhandlich, und bereits zu Gennadius' Zeit

war er durch die an sich untadelige Benennung 'Chronik' verdrängt worden, welche ich, da *A mundi exordio* für den deutschen Ausdruck unfügsam ist, gern beibehalten habe. — Ich knüpfe hier an, was sonst über die Schicksale des Textes wissenswerth und zur Beurtheilung meiner Arbeit dienlich ist. Die Hildesheimer Handschrift ist seit Flacius verschollen; auch meine vielfältigen, bereitwilligst von Freunden unterstützten Bemühungen haben zu keiner Spur ihres Verbleibs geführt. Eine andere Handschrift zu benutzen war unter den folgenden Herausgebern nur dem letzten, dem mehrerwähnten De Prato, vergönnt, welchem sein Onkel *Comes Abbas Turrius* aus Rom eine, wie es scheint, genaue
_{Vaticanus.} Vergleichung sandte von einem Vaticanischen Pergamentcodex num. 825 *signatus, charactere minori et rotundo (vulgo stampatello) exaratus, qui decimo fere saeculo ab eius rei peritis scriptus creditur* (*Vol.* II p. *XXXIV*). Eine Durcharbeitung der Varianten führt zu dem Ergebniss dass diese Vaticanische Handschrift demselben Archetypon entstammt wie die Hildesheimer, mit der sie alle Lücken theilt; im Uebrigen sind jedoch die meistens brauchbaren Abweichungen so zahlreich und vielartig dass eine Identität mit der Hildesheimer, wie sie De Prato vermuthet, auch bei Voraussetzung arger Flüchtigkeit des Flacius immer noch unglaublich bleibt (s. oben Anm. 11). — Ausgaben der Chronik wurden in den ersten achtzehn Jahren nach Flacius zu Paris, Rom und Cöln veranstaltet mit den willkürlichsten Aenderungen
_{Giselinus.} (s. oben Anm. 38) und unter Verschweigung von Flacius' Namen. Erst der niederländische Arzt Victor Giselinus, der durch seine Arbeit am Prudentius und seinen Briefwechsel mit Justus Lipsius auch bei den Philologen in Andenken steht, ist in seiner, Antwerpen 1574 erschienenen, Ausgabe aller Schriften des Severus für die Chronik wieder mit Bewusstsein auf die Basler Ausgabe als auf die einzige damals vorhandene Grundlage zurückgegangen, obschon er oder sein Setzer mit schlimmer, sowohl Ito Prato wie Schönemann irreführender Nachlässigkeit durchweg den Codex de-
_{Sigonius.} Flacius *Herdesianus* nennt statt *Hildesianus*. — Sieben Jahre nach Giselinus hat Carolus Sigonius die Chronik für die italienischen Schulen bearbeitet, und seine Ausgabe (Bologna 1581, nachgedruckt Hanau 1612), in welcher sich des Mannes allbekannte Gelehrsamkeit und philologische Uebung nicht verleugnen, ist sowohl für Erklärung wie für Conjecturalkritik bis jetzt die einzige nennenswerthe Leistung geblieben; dass sie von Bernhardy (R. L. G. S. 815) nicht genannt wird, kann wohl nur Zufall sein. Freilich muss man bei den mannigfachen Berührungspunkten mit ecclesiastischen Dingen es immer im Sinn behalten, dass Sigonius seine Arbeit zunächst auf das nachtridentinische Italien berechnete und dass er sie einem Kardinal (*Gabrieli Palaeoto S. R. E. Presb. Card. et Bononiae Episcopo*) gewidmet hat, in dessen Auftrage sie unternommen wurde. Unter solchen Umständen ist es nur peinlich aber nicht auffallend, dass auch Sigonius weder die Basler Ausgabe noch den Namen des Flacius nennt: denn dieser Name steht unter den *auctores primae classis* d. h. den Schriftstellern, deren sämmtliche Werke verboten sind, auf dem *index librorum prohibitorum*. Alle angewandte Vorsicht konnte jedoch den Sigonius nicht vor Anfechtungen schützen; dieser Commentar zu Severus galt so wie seine anderen die Bibel berührenden Schriften Anlass zu anonymen *censurae*, welche, nach de Prato's (*Vol.* II p. *XXV*) Vermuthung, von dem Jesuiten Antonius Possevinus herrührten. Sie scheinen einer Behörde, wohl der Congregation des Index, vorgelegen zu haben; wenigstens sah sich Sigonius genöthigt, handschriftlich auf die einzelnen Ausstellungen zu erwiedern (s. oben Anm. 45). Die betreffenden, für die Geschichte der untergehenden italienischen Philologie lehrreichen Aktenstücke sind erst durch Philippus Argelatus in seiner Gesammtausgabe von Sigonius' Werken (Mailand 1737) VI p. 1139–72 veröffentlicht worden. — Ich habe regelmässige Rücksicht genommen auf die Vaticanische Handschrift, auf den Text des Flacius, auf die wenigen Bemerkungen des Giselinus und auf Sigonius; nur bei besonderem Anlass durften die sonst vorhandenen Ausgaben zur Erwähnung kommen. Unter diesen hat die kritisch werthlose (s. oben S. 29)
_{Vorstius.} von dem Rector des Berliner Joachimsthals-Gymnasiums Joh. Vorstius besorgte Gesammtausgabe in verschiedenen Abdrücken (Berlin 1668, Leipzig 1703, 1709) jetzt die meiste Verbreitung erlangt. Nach ihrer Eintheilung habe ich die Capitel und Paragraphen citirt, da dieselben bei Flacius und Sigonius nicht numerirt sind. — Die neueste, durch fremd-
_{De Prato.} artige Beigaben zu zwei Quartbänden angeschwellte Ausgabe aller Schriften des Severus, welche Hieronymus De Prato, Priester des Oratoriums, zu Verona 1741–54 besorgte, ist in Deutschland nicht leicht zu finden und nur durch die Liberalität der Göttinger Bibliotheksverwaltung zugänglich geworden. Für die übrigen Schriften des Severus hat ihr die Handschrift der Veronesischen Capitularbibliothek einen höheren Werth verliehen als sie ihn für die Chronik ansprechen darf. Ihr beschränkt sich Ihr Nutzen auf die in den Noten verzeichneten, jedoch nur zum allergeringsten Theil für den Text verwendeten Lesarten des Vaticanus. — Der Abdruck bei Gallandi (*Biblioth. patr.* VIII) giebt den De Prato'schen Text wieder; aber bei dem gänzlichen Mangel an Noten erfährt man nicht was De Prato's Conjectur und was Lesart des Vaticanus ist.